统治

国文化百科

万里江山大统

郭伟伟　编著　胡元斌　丛书主编

汕头大学出版社

图书在版编目（CIP）数据

统治：万里江山大统 / 郭伟伟编著. -- 汕头：汕
头大学出版社，2015.2（2020.1重印）
（中国文化百科 / 胡元斌主编）
ISBN 978-7-5658-1570-6

Ⅰ. ①统… Ⅱ. ①郭… Ⅲ. ①中国历史 Ⅳ. ①K20

中国版本图书馆CIP数据核字(2015)第020915号

统治：万里江山大统　　　　　TONGZHI：WANLI JIANGSHAN DATONG

编　　著：郭伟伟
丛书主编：胡元斌
责任编辑：邹　峰
封面设计：大华文苑
责任技编：黄东生
出版发行：汕头大学出版社
　　　　　广东省汕头市大学路243号汕头大学校园内　邮政编码：515063
电　　话：0754-82904613
印　　刷：三河市燕春印务有限公司
开　　本：700mm×1000mm 1/16
印　　张：7
字　　数：50千字
版　　次：2015年2月第1版
印　　次：2020年1月第2次印刷
定　　价：29.80元
ISBN 978-7-5658-1570-6

前　言

　　中华文化也叫华夏文化、华夏文明，是中国各民族文化的总称，是中华文明在发展过程中汇集而成的一种反映民族特质和风貌的民族文化，是中华民族历史上各种物态文化、精神文化、行为文化等方面的总体表现。

　　中华文化是居住在中国地域内的中华民族及其祖先所创造的、为中华民族世世代代所继承发展的、具有鲜明民族特色而内涵博大精深的传统优良文化，历史十分悠久，流传非常广泛，在世界上拥有巨大的影响。

　　中华文化源远流长，最直接的源头是黄河文化与长江文化，这两大文化浪涛经过千百年冲刷洗礼和不断交流、融合以及沉淀，最终形成了求同存异、兼收并蓄的中华文化。千百年来，中华文化薪火相传，一脉相承，是世界上唯一五千年绵延不绝从没中断的古老文化，并始终充满了生机与活力，这充分展现了中华文化顽强的生命力。

　　中华文化的顽强生命力，已经深深熔铸到我们的创造力和凝聚力中，是我们民族的基因。中华民族的精神，也已深深植根于绵延数千年的优秀文化传统之中，是我们的精神家园。总之，中国文化博大精深，是中华各族人民五千年来创造、传承下来的物质文明和精神文明的总和，其内容包罗万象，浩若星汉，具有很强文化纵深，蕴含丰富宝藏。

　　中华文化主要包括文明悠久的历史形态、持续发展的古代经济、特色鲜明的书法绘画、美轮美奂的古典工艺、异彩纷呈的文学艺术、欢乐祥和的歌舞娱乐、独具特色的语言文字、匠心独运的国宝器物、辉煌灿烂的科技发明、得天独厚的壮丽河山，等等，充分显示了中华民族厚重的文化底蕴和强大的民族凝聚力，风华独具，自成一体，规模宏大，底蕴悠远，具有永恒的生命力和传世价值。

在新的世纪，我们要实现中华民族的复兴，首先就要继承和发展五千年来优秀的、光明的、先进的、科学的、文明的和令人自豪的文化遗产，融合古今中外一切文化精华，构建具有中国特色的现代民族文化，向世界和未来展示中华民族的文化力量、文化价值、文化形态与文化风采，实现我们伟大的"中国梦"。

习近平总书记说："中华文化源远流长，积淀着中华民族最深层的精神追求，代表着中华民族独特的精神标识，为中华民族生生不息、发展壮大提供了丰厚滋养。中华传统美德是中华文化精髓，蕴含着丰富的思想道德资源。不忘本来才能开辟未来，善于继承才能更好创新。对历史文化特别是先人传承下来的价值理念和道德规范，要坚持古为今用、推陈出新，有鉴别地加以对待，有扬弃地予以继承，努力用中华民族创造的一切精神财富来以文化人、以文育人。"

为此，在有关部门和专家指导下，我们收集整理了大量古今资料和最新研究成果，特别编撰了本套《中国文化百科》。本套书包括了中国文化的各个方面，充分显示了中华民族厚重文化底蕴和强大民族凝聚力，具有极强的系统性、广博性和规模性。

本套作品根据中华文化形态的结构模式，共分为10套，每套冠以具有丰富内涵的套书名。再以归类细分的形式或约定俗成的说法，每套分为10册，每册冠以别具深意的主标题书名和明确直观的副标题书名。每套自成体系，每册相互补充，横向开拓，纵向深入，全景式反映了整个中华文化的博大规模，凝聚性体现了整个中华文化的厚重精深，可以说是全面展现中华文化的大博览。因此，非常适合广大读者阅读和珍藏，也非常适合各级图书馆装备和陈列。

目 录

谋定天下

文韬武略

谋定天下

　　春秋战国是我国历史上的上古时期。期间曾发生过几次推动社会进步的重要战争，如夏商之际的鸣条之战、西周初年的牧野之战及战国末年的长平之战，它们对我国历史产生了深远的影响。

　　战争中体现出的军事谋略和战争艺术，在我国乃至全人类战争史上都占有极其重要的地位，对后世产生了深远的影响，早已经成为了全人类共同的精神财富。

商汤发起鸣条之战灭夏

商汤在灭夏的过程中，制定了正确的战略方针。他广泛争取民众，揭露夏桀的残酷暴行，为战争的胜利奠定了深厚的群众基础，得

到了广大群众的支持。

在军事战略上，他在贤臣伊尹等人的得力辅佐下，精心谋划，逐一剪除了夏桀的羽翼。然后择机起兵，并于鸣条之野打败了夏桀，一举消灭了夏王朝，建立了我国历史上第二个奴隶制王朝商朝。

商王朝的建立，对我国历史上历代王朝的更迭影响深远。

商原来是夏王朝的一个诸侯国，是黄河下游的一个部落。到夏朝末年时，商汤做了商部落的首领，他是一个有远见又十分仁义的人。

当时的夏朝帝王夏桀暴虐残忍，喜好淫乐，腐败至极。面对夏王朝黑暗统治，各个诸侯国民心渐失的局面，商汤决心收拢民心，取缔夏朝，便采取了一系列强商弱夏的措施。

商汤为了削弱夏王朝的势力，排除灭夏的障碍，争取更多的诸侯反夏，首先就从邻国葛开始。《尚书》中说："商汤一征，自葛始。"

葛是亳西面的一个诸侯国，在夏王朝所属的诸侯国中并不算大。葛伯是一个忠实于夏桀的奴隶主，是夏桀在东方地区诸侯国中的一个耳目，是商汤灭夏大计的阻碍。葛伯是一个好吃懒做的人，就连在古代社会中视为国家大事的祭祀天地神鬼都不愿执行了。

商汤得知葛伯已有很长时间没有举行过祭祀，就派了使者前去询问原因。葛伯说："我们不是不懂得祭祀的重要，只是每次祭祀都要用许多牛羊，我们现在没有牛羊，拿什么祭祀呢？"

商使汇报给商汤。商汤听完后就派人挑选了一群肥大的牛羊给葛伯送去。葛伯见商汤相信了他的谎言，居然得到了不少牛羊，窃喜，

就将牛羊全部杀来吃了,仍然不祭祀。

商汤得知葛伯还没有祭祀,再次派使者至葛询问为什么不祭祀。

葛伯又说:"我们的田中种不出粮食来,没有酒饭来做贡品,当然就举行不了祭祀。"

商汤又派亳地的人前往葛地去帮助种庄稼,酒饭也由亳人自己送。但每次送饭,葛伯就派人在葛地将酒饭抢走,并且还杀死不听话的人。

商汤见葛伯是死心塌地的与商为敌,不能再用帮助的办法来争取,就率兵到葛去把葛伯杀了。

因为葛伯不仁,所以商汤灭葛的行动,在诸侯中不但没有人反对,还一同指责葛伯的不仁,被杀是咎由自取。有的诸侯、方国的人民怨恨夏桀的暴虐,还盼望商汤前去征伐,他们愿意从夏王朝的统治下解脱出来归顺商汤。

另外,还有一些诸侯、方国自愿归顺商汤。商汤就对归顺的诸侯、方国都分别授予贵重的玉制品。

商汤从伐葛国开始,逐步剪除夏的羽翼,削弱夏桀的势力。在这个过程中,商汤的右相伊尹和左相仲虺起了重要的作用。尤其是伊尹对商汤的影响和帮助更大一些。

伊尹出生在伊水边，长大后流落到有莘氏。伊尹在有莘国做管理膳食的小头目过程中，商与有莘氏经常往来。伊尹见商汤是一个有德行、有作为的人，就在商汤娶有莘氏之女时，作为陪嫁跟随至商。此后，他利用每天侍奉商汤进食的机会，分析天下的形势，数说夏桀的暴政，劝商汤蓄积力量灭夏桀。

商汤发现伊尹的想法正合自己的主张，是一个有才干的人，就破格免去伊尹的奴隶身份，任命为右相。左相仲虺也见伊尹是一个贤才，两人的政治主张也相同，也就一心和伊尹合作共同辅佐商汤蓄积力量，准备灭夏。

在当时，夏桀的统治已经很腐败了。为了观察夏王朝的情况，伊尹向商汤出谋，由他亲自去夏王都住一段时间，观夏的动静。商汤就准备了土特产、贡品，派伊尹为使臣去夏的都城斟鄩朝贡。伊尹在夏的都城一住就是三年，认真观察夏桀及王朝的情况。

伊尹回到商后和仲虺商议，向商汤献了一策，就是不能急于出兵伐桀，还要蓄积更大的力量，继续削弱拥护夏王朝的势力，等待时机。商汤接受了伊尹的主张，做了积极的思想准备。

在夏王朝的诸侯、方国中，东部地区就有3个属国是忠于夏桀，一个是彭姓的韦，

一个是己姓的顾，一个是昆吾。这3个方国执意以商为敌，他们监视着商汤的活动，还经常向夏桀报告。因此，商汤和伊尹、仲虺决心除掉这3个夏桀的羽翼。

经过一番谋划和准备之后，商汤和伊尹就率领助商各方的联合军队，先对韦进攻。商汤率大兵压境，韦连求援都来不及，很快就被商军灭亡。韦被灭，顾国势单，商汤接着又挥师东进，乘胜也将顾国灭了。韦、顾二国的土地、财产和人民尽归商所有。

地处韦、顾二国北邻的昆吾国，相传是祝融的后代封在昆吾所建的一个方国。它在夏王朝的属国中算是一个较大的方国，国君被称为"夏伯"。

夏伯见韦、顾二国被商汤所灭，立即整顿昆吾军准备与商相战。同时派使昼夜兼程赴夏王都，向夏桀报告商汤灭韦、顾二国的情况。夏桀非常恼怒，于是下令起"九夷之师"，准备征商。

商汤本想率军去灭昆吾，然后征东夷，进而灭夏桀。伊尹阻止了商汤，并说："东夷之民还服从桀的调遣，听夏的号令，此时去征伐不会取得胜利，灭夏时机尚未成熟，不如遣使向桀入贡请罪，臣服供职，以待机而动。"

商汤采纳了伊尹之谋，暂时收兵。备办了贡品，写了请罪称臣的奏章，使臣带到夏王都，在离宫中朝见了夏桀。

夏桀见了贡物和请罪奏章以后，和身边的谀臣们商议，谀臣们就向桀祝贺说："大王威震天下，谁也不敢反叛，连商侯也知罪认罪，可以不出兵征伐，安享太平。"

这样夏桀就下令罢兵，仍然整天饮酒作乐。

夏桀下令罢兵不征伐商，可是一年之后，昆吾的夏伯自恃其能，率军向商进攻。伊尹见昆吾死心塌地效忠于夏桀，一心与商为敌，就请商汤率军迎战昆吾。一战而大败昆吾军，再战而杀夏伯灭昆吾，并昆吾土地、人民入商。

伊尹又出谋说："今年本应向桀入贡，且先不入贡以观桀的动静。"商汤听从伊尹建议，不再向夏桀入贡。

当夏桀得知商汤又灭了昆吾而不再入贡，就下令起九夷之师伐商。但九夷之师不听号令。夏桀又下令调东夷的军队征伐商汤，但因桀反复无常，昆吾又是助桀为虐，与商为敌，东夷的首领们也看出夏桀不会长久，最后也不听他的调遣。伊尹看见九夷之师不起，灭夏的时机成熟了，就请商汤率军征桀。

商汤和仲虺、伊尹率领由70辆战车和5000步卒组成的军队西进伐夏桀。夏桀调集了夏王朝的军队，开出王都。夏商两军在鸣条之野相遇，展开了大会战。

会战开始之前，商

汤为了鼓舞士气，召集了参加会战的商军和前来助商伐夏的诸侯、方国的军队，宣读了伐夏的誓词。

这就是《尚书》中的《商汤誓》。在誓词中，商汤揭露了夏朝政治的黑暗和夏桀的残暴，声称要代表天意去讨伐他。《商汤誓》是商汤在鸣条会战前的动员令，极大地振奋了士气。

两军交战的那一天，夏桀登上附近的小山顶观战。激烈的战争正在进行时，天忽降大雨，夏桀又急忙从山顶奔下避雨。夏军将士本来就不愿为桀卖命，此时，也乘机纷纷逃散。夏桀制止不住，只得仓皇逃入城内，随后又登上一艘小船，渡江向南巢逃窜。

商军穷追不舍，俘获了夏桀，后来就把他流放于此。夏桀养尊处优惯了，在这穷乡僻壤之地，无人服侍，自己又不会劳动，最后活活饿死。

商汤和伊尹为了彻底消灭夏王朝的残余势力，又率军西进，很快就占领了夏都斟鄩。夏朝的亲贵大臣们都表示愿意臣服于商汤。

商汤和伊尹安抚了夏朝的臣民后，就在斟鄩举行了祭天的仪式，向夏朝的臣民们表示他们是按上天的意志来诛伐有罪的桀。

商汤和伊尹在夏王都告祭天地以后就率军回到了亳。这时期商的声威已达于四方，各地的诸侯、方伯以及大大小小的氏族、部落的酋长们都纷纷携带贡品到亳来朝贺，表示臣服于商汤，就连远居西面的羌人等部落也都前来朝见商汤。

商汤对前来朝贺的诸侯皆以礼相待，商汤自己也只居于诸侯之位，表示谦逊。商汤在诸侯的拥护下，取得了天下共主的地位，随后告祭上天，宣布商王朝的建立。

商汤建立商朝后，对内减轻征敛，鼓励生产，安抚民心，从而扩展了统治区域，影响远至黄河上游。由于商汤以武力灭夏，打破国王永定的说法，从此我国历代王朝皆如此更迭。

就鸣条之战而言，此战是我国古代通过"伐谋"、"伐交"、"伐兵"、"用间"达到战争速胜的最早的成功战例，对于后世战争的发展、军事理论的构建，都产生了深远的影响。

拓展阅读

伊尹在平民时就以才能和厨艺高超而名闻四方。商汤听说后，向他询问天下大事。伊尹从烹调的技术要领和烹调理论，引出治国平天下的道理。商汤听后心悦诚服。后来，商汤尊伊尹为宰相，并在他的辅佐下，讨伐夏桀，建立了商朝。

伊尹以美味来讨论治国的道理。老子也曾说过："治大国如烹小鲜。"凡事物的至理，大都暗合于道。虽然饮食只是小道，一旦达到极致，也包含天下的至理。

周武王牧野之战起兵伐商

牧野之战在历史上称"武王克殷"、"武王伐纣"。为了赢得这场战争的胜利，周王做了十分充分的准备，一是大力发展西周经济，从而保证了灭商的经济基础；二是团结一切可以团结的反商力量，组成了反商的统一阵营；三是正确把握住了战略决战的时机。

牧野之战是我国古代车战初期的著名战例，有着非常重要的研究价值。周朝为争取人心、翦商羽翼、乘虚进攻的谋略，对我国古代的军事思想的发展有着深远的影响，可以称得上是历史典范。

商汤所建立的商王朝，历经初兴、中衰、复振、全盛、衰弱诸阶段后，到了商纣王帝辛即位时期，已步入了全面危机的深渊。

在商纣王的统治下，商王朝政治腐败，刑罚酷虐，并且连年对外用兵，致使民众负担沉重。贵族内部也是矛盾重重，即将分崩离析，整个社会动荡不安。

与日薄西山、奄奄一息的商王朝形成鲜明对比的是，商的西方属国周的势力正如日中天、蒸蒸日上。周部落经过几代人的努力，其实力逐渐增强。

到了周文王姬昌即位后，任用熟悉商朝内部情况的贤士姜尚，励精图治，发展生产，造成了清明的政治局面，为伐纣灭商的宏伟大业做好了准备。

在修明内政的同时，周文王向商纣发起了积极的政治和外交攻势。他请求商纣"去炮烙之刑"，从而赢得了广泛的赞誉，同时也最大限度地孤立商纣王。

他颁布搜索逃亡奴隶的法令，保护奴隶主们的既得利益。他公平地处理了虞、芮两国的领土纠纷。通过这些措施，周文王扩大了政治影响，瓦解了商朝的附属小国。

　　在各方面准备工作基本就绪之后，周文王在姜尚的辅佐下，制定了正确的伐纣军事战略方针。其第一个步骤，就是翦商羽翼，对商都朝歌形成包围态势。

　　为此，周文王首先向西北和西南用兵，相继征服犬戎、密须等方国，消除了后顾之忧。接着，又组织军事力量向东发展，东渡黄河，先后翦灭黎、崇等商室的重要属国，打开了进攻商都朝歌的通路。

　　至此，周已处于"三分天下有其二"的有利态势，伐纣灭商只不过是一个时间问题了。

　　周文王在完成翦商大业前夕不幸逝世，其子姬发继位，是为周武王。周武王即位后，继承乃父遗志，遵循既定的战略方针，并加紧予以落实。

　　公元前1048年，周武王出兵崤函，到中原与其他诸侯国会盟。会盟的地点就在黄河北岸的一个渡口，后来因此被称为孟津，也就是今河南孟县。

《史记》中说"不期而会孟津者八百诸侯"，其实不是什么"不期而会"，而是事先早有联络，关中和江汉间的许多方国都参与了孟津大会。

在"孟津观兵"的过程中，周武王还自导自演了不少好戏。他出兵时，将周文王的灵位摆在中军的战车上，自称"太子发"，说是奉周文王遗志以伐，不敢自主。

在到达孟津后，周军与诸侯进行了联合军事演习，据说其间祥瑞屡出：在渡黄河时，有白鱼跃入周武王舟中，象征商军落入周武王之手；旋即又有一道火焰化为赤鸟，飞到周武王的营帐上鸣叫，又象征周的昌盛。

就在周兵与诸侯会盟孟津的一年后，商朝发生了激烈的内乱。商纣王杀了伯父比干，囚禁了另一个伯父箕子，另一些被牵连的贵族如微子等则审时度势，投奔了周。

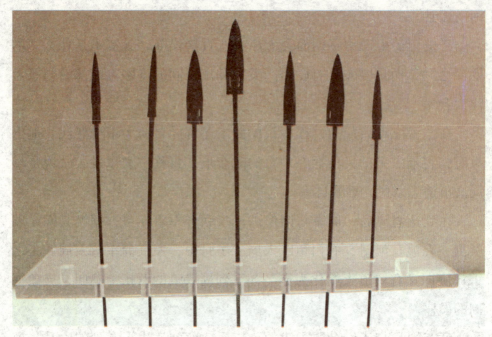

　　周武王从来奔的殷商贵族那里得到了不少朝歌的机密情报。商纣王的昏聩无道，进一步促成了周武王发兵的契机。周武王见时机已经成熟，决定出兵伐商，同时通知去年在孟津会盟的诸侯一起出兵。

　　按照当时姜尚制订的伐商战略计划：趁商朝主力军滞留东南之际，精锐部队以迅雷不及掩耳之势，深入王畿，击溃朝歌守军，一举攻陷商都，占领商朝的政治中心，瓦解商政权，让残余的商人及其附属方国的势力群龙无首，然后各个击破。

　　按照这一计划，公元前1046年，周武王亲率战车300乘，精锐武士3000人，以及步兵数万人，出兵东征。周无疑已经倾巢出动。

　　周军渡过黄河到前年会盟的孟津与友军会师。第一批赶到的，有庸、羌、濮等8个方国，不少方国的国君亲自赶来，总兵力达到4.5万人左右。

　　从孟津到朝歌，是商王经常巡猎的区域，道路状况良好，因而此后几天，联军能够以每天近30千米的速度急行军，比平常的速度要快一倍。

联军赶到朝歌城外的牧野。这里是通向朝歌的要道，同时也是商朝戍卫部队的驻扎地。联军没有贸然进攻，而是停下来开始布阵。从关中出发到兵临朝歌，总共用了一个月的时间。就当时的条件而言，这一速度可说是惊人的。

联军布阵未完就下了雨，后来冒雨完成了布阵。第二天拂晓，周武王在众军面前进行誓师。武王慷慨激昂地说："俗话说，母鸡司晨，是家中的不幸。现在纣王只听信妇人之言，连祖宗的祭祀也废弃了。他不任用自己的王族兄弟，却让逃亡的奴隶担任要职，让他们去危害贵族，扰乱商。今天，我姬发是在执行上天的惩罚……战士们，努力呀！"

顿时，周军将士们士气大振，欢呼声响彻云霄。

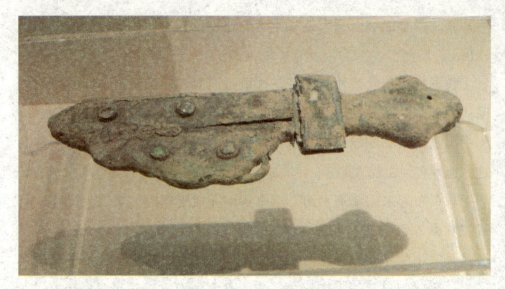

　　周武王又郑重宣布了作战中的行动要求和军事纪律：每前进六步七步，就要停止取齐，以保持队形；每击刺四五次或六七次，也要停止取齐，以稳住阵脚。严申不准杀害降者，以瓦解商军。

　　朝歌方面，商纣王早就听说周人从孟津退兵的消息，这更增强了他对天命在己的信心。可是没有想到，对方竟然这么快就卷土重来，而且来势凶猛，很快就兵临城下。

　　此时，商军主力还远在东南地区，无法立即调回。当时朝歌城内尚有大量奴隶和战俘，于是，商纣王迅速把他们武装起来，亲率少量禁卫军押送，奔赴前方战场。

　　联军的战鼓震天般擂了起来，战斗开始了。周军的战术是先由姜尚率数百名精兵上前挑战，震慑商军并冲乱其阵脚，然后周武王亲率主力跟进冲杀，将对方的阵形彻底打乱。

　　广阔平坦的牧野大地上，数十辆在朝阳下熠熠生辉的战车组成小小的一字阵形，快速逼近商军阵线。商军前排的弓弩手开始放箭，几匹战马悲嘶着倒在血泊中，几辆战车歪到了一边。

但大部分的战车仍不为所动，如飞鹰扑击一般，冲向商军的旗帜之林中。霎时间，商军10余万人如同潮水一般退去，身后是大举追击的联军车阵。

这一天夕阳西下的时候，商纣王狼狈地逃回了鹿台。周人的军队从四面八方涌来，把鹿台团团围住。

商纣王知道，这是他最后的时刻了。他要做得符合王者的尊严。他穿上了缀满玉石的宝衣，又在身边堆满了燔柴，然后用火把点着了身边的柴草……

大战结束的第二天，周武王在将帅们的簇拥下，在商宫中举行了盛大的仪式，建立了周朝。

拓展阅读

周武王做事谨慎。当年他伐纣前，有人对他说："纣王无道，百姓都在发牢骚，我们是否要讨伐？"

周武王说："再等等"。后来又有人对周武王说："纣王无道，百姓不再发牢骚，而是破口大骂，是否应该讨伐？"

周武王说："再等等。"

后来又有人对周武王禀报说："商朝百姓都不再说话了，百姓路上见面都低头而过，面带恐惧。"

周武王说："现在可以了。"

于是，周武王起兵伐商，并于牧野一战将商军打败，迫使商纣王自焚于鹿台，建立了周朝。

长平之战催生大秦帝国

长平之战是秦赵之间的战略决战。在战争中，秦军制定了正确的战略，采用了灵活多变的战术，一举歼灭了赵军主力，开创了我国历史上最早、规模最大的围歼战先例。

长平之战对我国历史有着深远的影响。在战后，秦国国力远远超过其他各个诸侯国，为其统一天下的形势已不可逆转，它直接催生了我国历史上第一个封建集权的大秦帝国，从而极大地加速了中华民族大一统的进程。

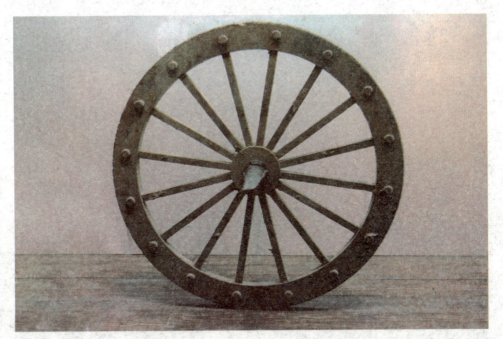

　　秦国自秦孝公任用商鞅变法以来，制定了正确的兼并战略且成就不凡：奖励耕战，富国强兵，国势如日中天；连横破纵，远交近攻，外交连连得手；旌旗所向，铁骑驰骋，胜利捷报频传。

　　在此后的100余年中，强秦破三晋，败强楚，弱东齐，构成了对六国的战略进攻态势。

　　在秦国的咄咄兵锋面前，韩、魏屈意奉承，南楚自顾不暇，东齐力有不逮，北燕无足轻重。只有赵国，自公元前302年赵武灵王进行"胡服骑射"军事改革以来，国势较盛，军力较强，对外战争胜多负少，且拥有廉颇、赵奢、李牧等一批能征惯战的将领，尚可与强秦进行一番周旋。

　　秦国要完成统一六国的伟业，一定得拔去赵国这颗钉子。自然，赵国也不是好惹的，怎可甘心束手就擒。因此，两国之间的战略决战势所难免。

秦昭王长城示意图

秦昭王根据丞相范雎"远交近攻"的战略构想，从公元前268年起，先后出兵攻占了魏国的怀和邢丘重地，迫使魏国亲附于己。接着又大举攻韩，先后攻取了陉、高平和少曲等地。又于公元前261年攻克野王，将韩国截为两段。

消息传来，韩国朝廷上下一片惊恐，赶忙遣使入秦，以献上党郡向秦求和。然而，韩国的上党太守冯亭却不愿献地入秦，而是做出了献上党之地于赵的选择。他的用意当然清楚：转移秦军锋芒，促成赵、韩携手，联合抵御秦国。

赵王目光短浅，在不计后果的情况下，接受平原君赵胜的建议，贪利受地，将上党郡并入自己的版图。赵国的这一举动，无异于虎口夺食，引起秦国的极大不满，秦、赵之间的矛盾因此而全面激化了。

范雎遂建议秦王乘机出兵攻赵。秦王便于公元前261年命令秦军一部进攻韩国缑氏，直趋荥阳，威慑韩国。同时命令左庶长王龁率领大军扑向赵国，攻打上党。上党赵军兵力不敌，退守长平。

赵王闻报秦军长驱东进，得地的喜悦早去了一半。只好兴师应战，派遣大将廉颇率赵军主力开往长平，企图重新占据上党。

廉颇抵达长平后，即向秦军发起攻击。遗憾的是，秦强赵弱，赵军数战不利，损失较大。

廉颇及时改变了战略方针，转取守势，依托有利地形，筑垒固守，以逸待劳，疲惫秦军。他依次设置了空仓岭防线、丹河防线和百里石长城防线。廉颇的这一招很是奏效，秦军的速决势头被抑制了，两军在长平一带相持不决。

面对廉颇的消耗战术，秦昭襄王开始调整策略：一方面，他借赵国使者郑朱到秦国议和的机会，故意殷勤招待郑朱，向各国制造秦、赵和解的假象，使赵国在外交上丧失了与各国合纵的机会，将赵国陷于孤立。

另一方面，秦昭襄王采用离间计，派人携带财宝前赴赵都邯郸收

买赵王的左右权臣，挑拨离间赵王与廉颇的关系。四处散布流言：廉颇不足畏惧，他固守防御，是出于投降秦军的目的，秦军最害怕赵奢的儿子赵括为将。秦终于借赵王之手，把廉颇从赵军主帅的位置上拉了下来；并使赵王不顾蔺相如和赵括母亲的反对谏阻，任命赵括为赵军主帅。

赵括是一个缺乏实战经验，只会"纸上谈兵"的庸人。他上任后，改变了廉颇的战略防御方针，积极筹划战略进攻，企图一举而胜，夺回上党。

秦昭襄王在搞乱赵国的同时，也及时调整了自己的军事部署：他立即增加军队，征调骁勇善战的武安君白起为上将军统率秦军。为了避免引起赵军的注意，他还下令军中严守机密："有敢泄武安君为将者斩。"

这个白起，可不是寻常人物。他是战国时期最杰出的军事将领，久经沙场，曾大战伊阙，斩杀韩、魏联军24万；南破楚国，入鄢、郢，焚夷陵，打得楚人丧魂落魄。只会背吟几句兵书的赵括哪里是他的对手。

白起到任后，针对赵括没有实战经验、求胜心切、鲁莽轻敌等弱点，采取了诱敌入伏、分割包围而后予以聚歼的正确作战方针，对兵力作了周密的部署，造成了以石击卵的强大态势。

白起的具体作战部署是：首先，

以原先的第一线部队为诱敌部队，等待赵军出击后，即向预设主阵地方面撤退，诱敌深入。

其次，巧妙利用主阵地构筑起袋形阵地，以主力守卫营垒，抵挡阻遏赵军的攻势，并组织一支轻装锐勇的突击部队，待赵军被围后，主动出击，消耗赵军的有生力量。

其三，动用奇兵2.5万人埋伏在主阵地两边侧翼，待赵军出击后，及时穿插到赵军的后方，切断赵军的退路，协同主阵地上的秦军主力，完成对赵军的包围。

其四，用5000精锐骑兵插入渗透到赵军营垒的中间，牵制和监视营垒中的剩余赵军。

战局的发展果然按着白起所预定的方向进行。公元前260年，对秦军动态茫然无知的赵括统率赵军主力向秦军发起了大规模的出击。

两军稍事交锋，秦军的诱敌部队即佯败后撤。鲁莽的赵括不问虚实，立即率军实施追击。当赵军前进到秦军的预设主阵地后，即遭到了秦军主力的坚强抵抗，赵军攻势受挫。

赵括欲退兵，但为时已晚，预先埋伏于主阵地两翼的秦奇兵迅速出击，及时穿插到赵军进攻部队的侧后，迅速截断了出击赵军之间的联系，构成了对出击赵军的包围。另外的秦军精锐骑兵也迅速地插到了赵军的营垒之间，牵制、监视留守营垒的那部分赵军，并伺机切断

了赵军所有的粮道。赵军断粮时间达46天，军心动摇。绝望之中，赵括孤注一掷，亲率赵军强行突围，最后葬身于秦军的箭镞之下。赵军失去主将，斗志全无，40万赵军全部向秦军投降。秦军大胜。

在长平之战中，秦军前后共歼赵军45万人，从根本上削弱了当时关东六国中最为强劲的对手赵国，也给其他诸侯国以极大的震慑。

这场战争秦国取得全胜，其统一天下的形势已不可逆转，从而极大地加速了中华民族大一统的进程。

拓展阅读

长平之战的第二年，秦昭襄王就想让白起接替王陵继续攻打赵国，加快统一六国的步伐。白起建议说："赵国并不是好打的，而且诸侯的援兵也快到了，秦军已死伤者过半，国内空虚，不可久战，建议撤军。"

秦王再三下令，但白起始终不肯前往，后来干脆称病不出。秦昭襄王于是派其他将领替换王陵，但最终损失很大，也未能攻破邯郸。

后来，秦昭襄王恼怒命人将白起遣送远方，不得留在咸阳城内，并赐了一把剑给白起，令其自刎。

文韬武略

　　秦汉至隋唐是我国历史上的中古时期。在这1100多年的时间里，新旧王朝更替，统一与分裂反复，战争艺术日益圆融。

　　由于南北方不同的地理条件，北方以步兵与骑兵相结合为主，南方以步兵与水兵相结合为主，其间，山地战、河川战、丛林战和荒漠战等战法已应有尽有。

　　中古时期的局部统一和全国统一，标志着我国古代的战争艺术已经达到了一个新的水平。

秦的统一结束割据局面

秦统一六国的战争，既是战国末期最后一场诸侯兼并战争，又是我国历史上最早的一场封建统一战争。

秦国相继灭掉了北方的燕、赵，中原的韩、魏，东方的齐和南方的楚6个国家，结束了春秋以来500余年的诸侯争霸与割据的局面，建立了我国历史上第一个中央集权制国家，开创了我国历史的新时期。

公元前246年，秦嬴政即王位。他在李斯、尉缭等人的协助下制定了"灭诸侯，成帝业，为天下一统"的策略。具体的措施是：笼络燕齐，稳住魏楚，消灭韩赵；远交近攻，逐个击破。在这种战略方针指导下，一场统一战争开始了。

秦在发动攻赵之前，即依李斯、尉缭之谋，以间谍挑拨活动，挑起燕赵两国之间的战争，待燕赵战起，秦国即借口援燕抗赵，开始对赵进攻。

秦军从西面、西北面、南面三路攻赵，但把进攻的重点指向赵国南部，以陷赵军两面作战、腹背受敌的困境。

公元前236年冬，燕赵两国正在酣战之际，秦派王翦率军进攻太行山之战略要地阏与，使这个早为秦国垂涎的战略要地一举被秦占领，从而打开了从西面进攻赵国都城邯郸的通道。

秦杨端和军进攻阏与之北的韩阳，并顺利攻克，使邯郸的西北方

向也失去了屏障。秦桓齮军从南阳出发，很快攻占邺邑所属之安阳。至此，秦军已推进到了邯郸之南，仅与赵都邯郸相隔一条漳水和少数城邑。

面对秦军的进攻，赵王启用北部边疆名将李牧为统帅。李牧军曾歼灭匈奴入侵军10万之众，威震边疆，战斗力最强。李牧率军回赵，立即同秦军交战，沉重打击了秦军。

韩国在七国中为最小，而所处地位却最重要。它扼制秦由函谷关东进之道路，秦要并灭六国，必须首先灭韩。

公元前230年，秦为彻底灭韩，派兵再度对韩进攻，韩无力抵抗，韩王被俘。这样，韩成为当时六国最先被灭亡之国。

公元前232年，秦又出动南北两路大军对赵进攻。赵军统帅李牧决定先集中兵力，打击北面来犯的秦军，取胜后，再攻击南面的秦军。

赵军虽然在李牧统率指挥下，一再战胜，可是兵力损失后难以补充，单凭现有兵力无法对秦持久作战，必须立即寻求外援。而这时楚、魏业已削弱，燕、赵关系欠佳，只有联齐，争取齐国人力物力的支持，才能与秦相抗衡。

秦也察觉赵的这一企图，立即派遣一批策士到齐进行游说活动，极力破坏齐、赵的联合，孤立了赵。秦则不失良机，接着发动又一次大规模的进攻。

公元前230年，赵发生特大旱灾，秦于次年再度发动对赵大举进攻。秦军派出南北两路大军并抽调一些少数部族兵参加作战，赵军则在大将军李牧、副将司马尚指挥下，继续对秦军作战。秦军虽经苦战，但胜负未分。

秦始皇和他的谋臣认为，秦两次伐赵均被李牧所阻，都深感在军事上无法取胜，遂改用反间计，不惜重金收买赵国内奸赵王宠臣郭开在赵王面前造谣诬蔑李牧、司马尚企图谋反。赵王竟不加分析即轻率

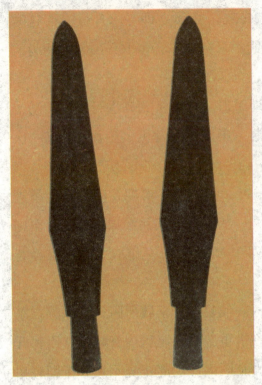

罢免了李牧、司马尚，改任赵葱、颜聚为赵军统帅，并错误地将名将李牧杀害。

赵王由于中了秦之反间计，为秦灭赵铺平了道路。赵葱不是王翦的对手，很快被秦军击败，赵葱被杀，颜聚收拾残兵退回邯郸勒兵固守。而此时的赵王丧失斗志，任由内奸郭开摆布，竟下令开城向秦军投降，建国250多年的赵国终于灭亡。

赵被秦灭亡后，秦即想南下灭楚，但中间尚隔魏国，魏此时虽然已只剩国都大梁附近的一些城邑，但终属秦进军楚地之障碍，于是决定先灭魏，再伐楚。

魏本来处于"天下之枢"，具有优越的战略形势，但由于战争频繁，大量削弱了魏的实力。多年来，在强秦的进攻下，节节败退，不断割地求和，魏国大河以北领土被吞食殆尽。

公元前225年，秦派兵进攻魏国首都大梁。秦将王贲认为大梁城垣坚固，很难在短期内攻克，于是引大沟之水冲灌大梁城。经过3个月的战争，魏国灭亡，秦以其地建为东郡。

秦军灭赵、破燕、并魏后，紧接着大举进攻楚国。当时楚仍为南方大国，拥有今河南西部及东南部，山东南部，湖北、湖南两省，洞庭湖以东和江西、安徽、江苏、浙江全部。

楚国此时尚有对秦作战的实力。秦始皇派年少英勇的将军李信率兵攻楚，并问李信需要多少兵马。李信答复说"不过用20万人"。

秦始皇又问王翦，王翦则说"非60万人不可"。

秦始皇不同意王翦的意见，而同意李信的说法，当即说："王将军老矣，何怯也！李将军果然壮勇，其言是也。"

王翦因为自己的建议不被采纳，谢病告老，归还频阳。李信则受命为秦军统帅，与蒙恬率兵20万人对楚发动进攻。

李信与蒙恬军企图包围楚军，聚而歼之。但李信于棠溪被楚军统帅项燕战败，损失惨重。多亏蒙恬军的掩护，李信得以突围逃回秦境，才免被俘。

秦军遭受重大挫折，秦始皇虽然感到自己当初对统帅人选有误，但并未动摇灭楚之决心，仍然继续进行灭楚战争。李信失败后，秦军统帅一职只有重新起用王翦。

秦始皇亲往王翦家乡频阳县，力请王翦出任秦军统帅。王翦接替李信，率领60万大军对楚作战。

王翦根据已往长期作战经验，知道楚军和赵军都具有坚强的战斗意志，是能战能守的军队。楚军新近击破李信指挥的秦军，锐气旺盛，斗志昂扬，对付这样的敌人，不仅没有胜利的把握，一旦行动不慎，还会影响整个战争前途。

所以，王翦进入楚国后，即令部队在商水、上蔡、平舆一带构筑坚垒，进行固守，并令部队不许出战，休整待命。数月以来，双方相持没有大的交战。

楚见秦军大举东进，也集中全部兵力应战。当时秦已灭三晋，无后顾之忧，有大量的物力支援，能够打持久战。楚则无论军事、政治都远为落后。统帅项燕仍然集中楚军主力于寿春淮河北岸地区，等待秦军的进攻。

楚王责怪项燕怯战，派人数度催他主动进攻秦军。项燕军只得向秦军进攻，但既攻不破秦军的营垒，秦军又拒不出战。项燕无奈，引军东去。

王翦立即令全军追击楚军，楚军为涡河所阻，双方交手，楚军被击破东逃。秦军追至蕲南，平定楚属各地。

在追击过程中，王翦斩杀了楚将项燕，随即率兵直取楚都寿春，楚国首都被秦军攻陷。楚王负刍被俘。秦军进军蕲南，只经一年多的作战，号称南方赫赫之强国的楚，便瓦解了。

公元前227年，秦派将军王翦、辛胜率军对燕作战。统帅王翦以直接攻略燕国首都蓟城为作战目标。同时判断燕军必然依托燕赵大道经过的各河川作抵抗，尤其燕赵界上较大河流易水定有重兵守备，不宜将主力投入正面进攻。于是，王翦决定以部分兵力由中山北攻燕。

在灭赵的过程中，秦国大军已兵临燕国边境。燕王喜惶惶不可终日，眼见秦国扫平三晋，就要向自己杀来，却无计可施。

燕太子丹最终想出了孤注一掷的暗杀行动，即历史上有名的荆轲刺秦王，时值公元前227年。刺杀行动最终失败，但是秦始皇差一点死于荆轲的匕首下，他深恨燕国，立即增兵大举进攻。

公元前226年，秦军攻下燕都蓟，燕王喜与太子丹逃亡辽东郡。公元前222年，王贲奉命攻伐燕国在辽东的残余势力，俘获燕王喜，燕国彻底灭亡。

在秦军并灭赵、韩、燕、魏、楚战争时期，齐国一直置身度外，坐视各国灭亡。过去当秦、赵长平之战的关键时刻，赵向齐请求援助军粮，有政治远见

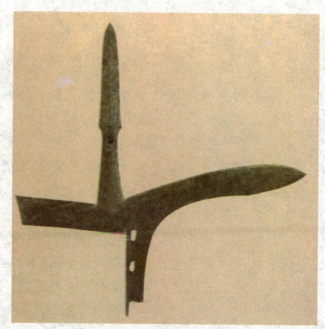

的周子曾向齐王建议积极援赵。齐王竟没有接受这一具有战略远见的建议，尔后各诸侯国虽几度联合对秦作战，齐都避免参加，或者参战不力，企图讨好于秦。

公元前221年，秦王贲统帅的军队，由燕南部对齐北境突然进攻，直趋齐都临淄。齐则毫无作战准备，竟无应战之兵，齐王建不战而降。经过20多年的战争，秦国最终灭掉六国，统一了天下。

秦朝统一战争顺应了历史潮流，结束了春秋以来诸侯割据混战的局面，开创了统一的新局面，建立了我国历史上第一个统一的多民族的中央集权的封建国家。秦朝统一了文字、货币、度量衡，对我国的历史和文化产生了极为重要的影响。

拓展阅读

秦始皇晚年迷信长生不老，方士徐福听说渤海湾里有蓬莱、方丈、瀛洲三座仙山，仙山上仙人的手中有长生不老药，就把这个消息告诉了秦始皇。

秦始皇派徐福带领千名童男童女入海寻找长生不老药。徐福带领舰队在海上漂流了好长时间，也没有找到他所说的仙山，更不用说长生不老药。

徐福自知没有完成任务，回去后一定会被杀头，于是他就带着这千名童男童女顺水漂流到了日本。秦始皇最后没吃到长生药，连秦王朝也在秦二世手里灭亡了。

楚汉战争促成天下一统

楚汉战争或称楚汉相争，是在秦朝灭亡后，西楚霸王项羽和汉王刘邦两大集团为争夺全国最高政权而进行的一场大规模战争，最后以西楚项羽败亡，刘邦建立西汉王朝而告终。

楚汉战争造就了统一的西汉王朝，形成了我国历史上长达400余年的统一局面，促进了我国古代民族的大融合和经济的大发展，奠定了我国汉民族的伟大发展基础。

秦二世胡亥的暴政，使天下百姓苦不堪言，最终引发了秦末农民大起义。公元前209年7月，陈胜、吴广首先发动大泽乡起义，建立"张楚"政权，陈胜自称楚王，一时间天下群雄纷纷响应。

9月，前楚国大将项燕之后项梁、项羽叔侄发动会稽起义，项梁自号武信君；同月，泗水亭长刘邦亦于沛县起兵响应，称沛公。

在秦末农民大起义过程中，陈胜牺牲后，刘邦集团和项羽集团成为反秦武装的两支主力。公元前208年，项羽率5万余楚兵北上，迎战秦将章邯、王离所率40余万秦军主力。

当年，项羽破釜沉舟，亲率2万余楚兵大败王离所部20余万秦军主力于巨鹿城外，项羽威震诸侯，遂成为诸侯上将军，统领诸侯之兵。第二年，章邯等被迫率余部20万人归降，巨鹿之战胜利结束。

巨鹿之战牵制了秦军主力并最终获得胜利，同时也为西路刘邦军得以顺利入关创造了最有利的条件，经此一役，秦朝已名存实亡。

巨鹿之战后，沛公刘邦乘隙攻入关中，进入咸阳，秦王子婴投降，秦朝灭亡。

依据反秦义军"盟主"楚怀王与天下"先入定关中者王之"的约定，刘邦理应称关中之王，又闻项羽欲立章邯于关中，号雍王，于是派兵驻守函谷关，以防诸侯入关。同时，宣布废除秦朝苛政，与关中父老"约法三章"："杀人者死，伤人及盗抵罪"。

项羽消灭了秦军的主力，自认为功劳最大，而胜利在即之际，却被刘邦抢先进入关中，夺取了胜利果实，自然怒气冲天，于是，他率诸侯军40余万人入关。项羽军攻破函谷关，进驻新丰鸿门，意图消灭刘邦军。

刘邦军不足10万人，自料力不能敌，于是还军灞上，并竭力拉拢项羽的叔父项伯请为调解，并亲赴鸿门谢罪，示以诚意，并表示归顺。项羽决心动摇，放走了刘邦。

在公元前206年，项羽自恃灭秦巨功并凭借其在军事上的压倒优

势，裂土分封诸侯，恢复封建割据。如分封西魏王魏豹、河南王申阳、九江王黥布、辽东王韩广、济北王田安等。项羽自立为西楚霸王，统辖黄河及长江下游的梁、楚九郡，定都彭城。

项羽封刘邦于巴、蜀、汉中三郡，为汉中王，定都南郑。同时项羽将关中地区分为三部，封秦降将章邯、司马欣、董翳分别为雍王、塞王、翟王，合称"三秦"，企图通过他们控制关中，将刘邦困锁在汉中巴蜀地区。

刘邦被徙封汉王后，本想立即发兵攻楚，但萧何等人从楚汉双方的实力出发，主张以汉中为基地，养民招贤，安定巴蜀，然后再收复三秦。刘邦听之。

他在前往汉中的途中，烧毁所过栈道，防止诸侯军偷袭，并借此表示无东向之意，以麻痹项羽。项羽亦于同时班师彭城。

时隔不久，中原诸侯国形势发生了巨大变化。未及分封的诸侯均不满项羽分封，多起兵反楚。刘邦乘项羽发兵击齐之机，任命韩信为大将，以曹参为前锋，积极部署东进。

公元前206年，汉军以韩信"明修栈道，暗度陈仓"之计潜出故道，向楚地进军。楚汉战争爆发了。

项羽得知刘邦已兼并三秦，且准备东进伐楚，而齐、赵地都已反叛，极为愤怒。但主力被牵制在齐国，无暇西顾。

刘邦再度抓住战机，一面巩固关中，一面扩张势力，亲自率军由函谷关出陕县东进。迫降河南王申阳和项羽新封的韩王郑昌；西魏王魏豹率军归附，继而俘虏殷王司马卬，迅速占领了今河南及山西中、南部广大地区，造成东进的有利态势。

刘邦继而采纳韩信"北举燕、赵，东击齐，南绝楚少粮道，西与大王会于荥阳"的建议，给韩信增兵3万，开辟北方战场，以消灭楚的羽翼，实现对楚的战略包围。

公元前205年，韩信、张耳率领汉军越过太行山，与楚的羽翼赵国战于今河北井陉东南的井陉口。韩信一反作战常规，背水设阵，大败20万赵军，斩杀赵军主帅成安君陈余，生擒赵王歇，一举灭亡赵国。随之采纳赵国降将李左车建议，乘势不战

而迫降燕王臧荼，平定燕国。

公元前204年，楚军对汉军正面防线发动攻势，数次切断汉军粮道，又攻占了荥阳、成皋。刘邦只好败逃关中。

为调动项羽，分散其兵力，摆脱固守城池被动挨打的局面，刘邦采纳谋士辕生建议，于5月率军出武关，兵至宛和叶。项羽急于寻汉军主力作战，果然率军自荥阳、成皋南下宛、叶。汉军坚壁不战。

就在这时，彭越乘机攻占了楚的后方重镇下邳，迫使项羽回师解救。汉军借机迅速北上，收复成皋。

6月，项羽回军，对汉军发动第二次攻势，再占荥阳、成皋，并挥军西进。汉军败至巩县，深沟高垒，阻击楚军。

为减轻正面压力，刘邦遣刘贾、卢绾率兵2万人增援彭越，在楚后方攻城略地，断楚粮道，迫项羽第二次回兵东击彭越。汉军借此机会再次收复成皋。

　　成皋之战后，楚汉战争进入了最后阶段。项羽日益孤立，粮秣得不到补充，韩信又继续进兵西楚。公元前204年，韩信大破楚、齐联军于潍水之滨，平定齐国。韩信随继东进2000余里，从东、北两面形成对楚军的战略包围态势，直接威胁到了楚的大后方。

　　潍水之战后，项羽再无能力灭汉，已经到了被动的防御状态；而刘邦则进入全面战略大反攻的时刻。

　　公元前203年8月，楚军粮尽，项羽被迫议和；刘邦亦未能调来韩信、彭越援军，于是双方订立和约，中分天下。双方划鸿沟为界，东归楚、西属汉。

　　9月，项羽遵约东撤，刘邦亦欲西返。这时，刘邦在张良、陈平建议下，向楚军突然发起战略追击，并约集齐王韩信、魏相彭越南下合围楚军。后因齐王韩信、建成侯彭越按兵不动，未如期会师，被迫退军固陵，坚壁自守。

　　刘邦退军固陵以后，采纳了张良的建议，分别给齐王韩信、魏相彭越割地封王的承诺，约定联合击楚。12月，刘邦调集齐王韩信、魏相国彭越、淮南王英布、刘贾等各路大军40万人，以韩信为最高统帅，以并本部20万人共计60万大军一同击楚。战至最后，将10万楚军包围于垓下。

　　楚军兵少食尽，屡战不胜，夜闻四面楚歌，军心瓦解。项羽大惊，于是置10万楚军于不顾，率800余骑兵趁夜突围南逃。天明后刘邦发觉，遂派灌婴率数千骑兵追击。

　　楚军渡过淮河后只剩下百余骑，逃至阴陵时因迷路，问路一田夫，被田夫诓骗而左行，结果陷于沼泽，致使汉军追上。最后逃至乌江时。项羽自度难以脱身，叹道："天亡我，非战之罪也。"

　　这时，乌江亭长力劝项羽过江，以图东山再起。项羽却说："上天要灭亡我，我何必还要渡江呢！姑且不说我项籍当初率领8000江东

子弟兵起事渡江西征，今天没有一个人回来，即便江东的父老兄弟们同情而拥戴我为王，我哪里有脸面见他们？纵使他们不说什么，我自己难道心里不愧疚吗？"

项羽自觉无颜见江东父老，不肯渡江，在力杀汉军数人后，自刎而死。垓下一战，刘邦全歼楚军，获得最后胜利。项羽败亡后，楚地陆续平定。

公元前202年，刘邦在定陶正式称帝，建立了西汉王朝，刘邦就是汉高祖。至此，天下又归于一统。

拓展阅读

刘邦做了皇帝后，分封了萧何等20余人的官职，但众将领互不服气，争功不止。一次，在洛阳南宫，刘邦看见众将坐在沙地上不知在说什么，问身边的张良怎么回事，张良说他们在谋反。

刘邦问怎么办，张良就问他最恨的人是谁，刘邦说是雍齿。张良听后就让刘邦封雍齿为侯，这样，大家就觉得被刘邦记恨的雍齿都能受封，他们就不用着急了。

于是，刘邦封雍齿为什方侯。如此一来，众将就再也不用担心了。

隋统一战争结束南北分裂

　　隋统一战争是隋文帝杨坚出兵北击突厥、南灭陈朝的一场战争。它结束了自东晋十六国以来延续了270多年的南北分裂局面，推动了民族的融合，有利于当时社会经济的发展和文化的繁荣，同时也为大唐盛世奠定了政治、经济和文化等多方面的基础。

　　隋王朝统一全国，是历史发展的必然。隋文帝建立隋朝之后，注意争取人心，奖励生产，在政治上较为巩固，经济上较为富裕，军事上较为强大，因而具备了统一大江南北的条件，并最终完成了统一。

隋文帝杨坚建立隋朝后，在北周和北齐的基础上，进一步采取一系列加强君主集权、发展社会经济的措施，使隋的政治、军事和经济力量日益壮大。

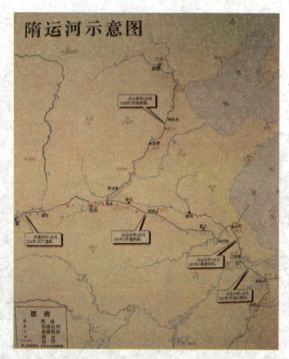

隋朝建立后，停止向突厥输送金帛，因而突厥统治者常常南下袭扰隋朝，威胁隋朝的统治。为巩固北部边防，防止突厥的袭扰，在边境增修亭障，加固长城，并命上柱国阴寿镇幽州，京兆尹虞庆则镇并州，屯兵数万以备之。

与此同时，隋文帝也在做灭陈的准备，他派大将贺若弼、韩擒虎分任吴州和庐州总管，并抓紧备战。581年，陈将周罗喉攻占江北隋的胡墅。隋文帝命尚书左仆射高颎节度行军元帅长孙览和元景山，准备率军伐陈。

就在这时，突厥沙钵略可汗寻找借口，联合原北齐营州刺史高宝宁，准备大举攻隋。

隋文帝根据隋朝新立，边防不固，实力尚不够充实等情况，决定变更原来计划，改取南和北战，先败突厥，后灭陈朝的战略。

582年春，隋文帝调整部署，十并州置河北道行台尚书省，以晋王杨广为尚书令；在洛阳置河南道行台尚书省，以秦王杨俊为尚书令；在益州置西南道行台尚书省，以蜀王杨秀为尚书令；并不断调兵遣将

加强北方各要地守备，以御突厥。并又诏令高颎改变计划，设法与陈朝结好，以便抽回兵力，北击突厥。

隋文帝利用突厥各可汗间的矛盾，采纳奉车都尉长孙晟建议，实行"远交而近攻，离强而合弱"的策略，先后派出使臣结好西面的达头可汗和东面的处罗侯，以分化、削弱沙钵略的力量。

582年，沙钵略率本部与阿波等各可汗兵40万突入长城，分路攻掠北方要地。隋军曾分别在马邑、可洛崃击败来犯突厥军，但未能阻止其攻势。之后，突厥大军深入到武威、金城、天水、上郡、弘化、延安等地，大掠牲畜、财物等。

在隋军顽强抗击沙钵略主力后，突厥达头可汗不愿继续南进，引兵自去。隋将长孙晟乘机通过沙钵略之侄染干诈告：铁勒等反，欲袭其牙帐。沙钵略恐其后方生变，遂撤兵北返。

隋文帝经过3年的对突厥防御作战，争取了时间，基本上完成了反攻准备；而突厥则因隋的分化、离间政策，内部矛盾加深，加以灾荒严重，其势愈加不利。

583年，沙钵略再率各可汗兵南犯。隋文帝下达诏令，命卫王杨爽等为行军元帅，率隋军主力20万人分道反击突厥，以从根本上击破沙钵略，稳固北部边防。

隋军先后在白道、高越原、灵州、和龙等地各个击败突厥各部，并乘机说服阿波可汗归隋，进一步促成突厥内乱，使沙钵略与阿波等相互攻战不止。

584年春，达头降服于隋。584年秋，沙钵略因屡为隋军所败，也向隋求和称藩。隋军反击突厥获胜，北部边患基本消除，解除了南下灭陈的后顾之忧。

为了完成统一大业，隋文帝采取了许多重大措施。经济上颁布均田和租调新令，把荒芜的土地拨给农民耕种，减轻赋税徭役，兴修水利，促进经济的恢复和发展，并且储粮备战。

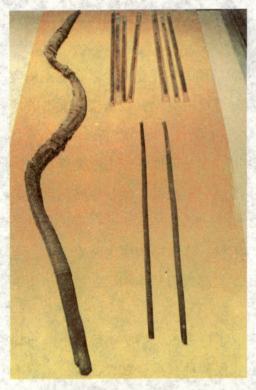

政治上强化中央统治机构和完善官制，废除一些酷刑峻法；外交上采取对策，不断派遣使者去陈朝，表面表示友好，实则探听虚实，使之松懈麻痹；军事上，改进北周以来的府兵制，集中兵权，加强军队训练，加固长城，训练水军。

在经过一番紧锣密鼓的准备之后，隋文帝遂于588年部署进军。设置淮南行省于寿春，以晋王杨广为尚书令。任命晋王杨广、秦王杨俊、清河公杨素为行军元帅，指挥水陆军50万人，同时从长江上、中、下游分八路攻陈。

八路攻陈的具体部署是：一，杨俊率水陆军由襄阳进屯汉口；二，杨素率舟师出永安东下；三，荆州刺史刘仁恩出江陵与杨素合兵；四，杨广出六合；五，庐州总管韩擒虎出庐江；六，吴州总管贺若弼出广陵；七，蕲州刺史王世积率舟师出蕲春攻九江；八，青州总管燕荣率舟师出东海沿海南下入太湖，进攻吴县。

前三路由杨俊指挥，为次要作战方向，目标指向武昌，阻止上游陈军向下游机动，以保障下游隋军夺取建康。后五路由杨广指挥，为主要作战方向，目标指向建康，其中杨广、贺若弼、韩擒虎三路为主力，燕荣、王世积两军分别从东、西两翼配合，切断建康与外地联系，保障主力行动。

隋军此次渡江正面东起沿海，西至巴蜀，横亘数千里，是我国历史上一次规模浩大的渡江作战。

为了达成渡江作战的突然性，隋在进军之前，扣留陈使，断绝往来，以保守军事机密。同时派出大批间谍潜入陈境，进行破坏、扰乱活动。

588年，杨俊率水陆军10余万进屯汉口，负责指挥上游隋军，并以一部兵力攻占南岸樊口，以控制长江上游。

江南陈朝指挥长江上游军队的周罗侯，起初未统一组织上游军队进行抵抗，听任各军自由行动。当看到形势不利时，又收缩兵力、防守江夏，阻止杨俊军接应上游隋军。两军在此形成相持。

杨素率水军沿三峡东下，至流头滩，陈将戚欣利用狼尾滩险峻地势，率水军据险固守。杨素于是利用夜暗不易被陈军窥察之机，率舰船数千艘顺流东下，遣步骑兵沿长江南北两岸夹江而进。刘仁恩部亦自北岸西进，袭占狼尾滩，俘虏陈全部守军。

陈南康内史吕忠肃据守歧亭，以三条铁锁横江截遏上游隋军战船。杨素、刘仁恩率领一部登陆，配合水军进攻北岸陈军，经40余战，终于在击破陈军，毁掉铁锁，使战船得以顺利通过。

此时，防守公安的荆州刺史陈慧纪见势不妙，赶紧烧毁物资，率兵3万人和楼船千艘东撤，援救建康，但被杨俊阻于汉口以西。周罗侯、陈慧纪也被牵制在了江夏及汉口，无法东援建康。

在长江下游方面，当陆军进攻的消息传来，陈各地守军多次上报，均被朝廷掌管机密的施文庆、沈客卿扣压。隋军进至江边时，施文庆又以春节将至为由，拒绝出兵加强京口、采石等地守备。

公元589年正月初一，杨广进至六合之南的桃叶山，乘建康周围的陈军正在欢度春节之机，指挥大军分路渡江：派行军总管宇文述率兵3万人由桃叶山渡江夺占石头山，贺若弼由广陵南渡占领京口，韩擒虎由横江夜渡。

陈军因春节酒会，仍处醉乡之中，完全不能抵抗，韩部轻而易举袭占采石。正月初三，陈后主陈叔宝召集公卿讨论战守，次日下诏"亲御六师"，委派萧摩诃等督军迎战，施文庆为大监军。

陈叔宝、施文庆都不懂军事，随意将大军集结于都城，中派一部舟师于白下，防御六合方面的隋军，另以一部兵力镇守南豫州，阻击韩擒虎部的进攻。

隋军突破长江之后，迅速推进。贺若弼部于正月初六占领京口后，以一部进至曲

阿，牵制和阻击吴州的陈军，另以主力向建康前进。韩擒虎部占领姑孰后，沿江直下，陈沿江守军望风而降。

正月初七，贺若弼率精锐8000人进屯钟山以南的白土岗，韩擒虎部和由南陵渡江的总管杜彦部2万人在新林会合，宇文述部3万人进至白下，隋大军继续渡江跟进。至此，隋军先头部队完成了对建康的包围态势。

建康地势虎踞龙盘，十分险要。此时，陈在建康附近的部队仍不下10万人，陈叔宝弃险不守，把全部军队收缩在都城内外，又拒不采纳乘隋先头部队孤军深入立足未稳之机进行袭击的建议。

正月二十，陈叔宝决定孤注一掷，他命令各军出战，在钟山南布

成"一"字长蛇阵。但陈军既未指定诸军统帅，又无背城一战的决心，各军行动互不协调，首尾进退不能相顾。

贺若弼未待后续部队到达，即率先头部队出战陈鲁广达部，初战不利，贺若弼燃物纵烟，掩护撤退，尔后集中全力攻击萧摩诃部。陈军一部溃败，全军随之瓦解。

在这同一天，韩擒虎进军石子岗，陈将任忠迎降，引韩部直入朱雀门，攻占了建康城。

藏匿于枯井之中的陈叔宝被隋军俘虏。正月二十二，杨广进入建康城，命令陈叔宝以手书招降上游陈军周罗侯、陈慧纪等部。同时遣兵东下三吴，南进岭南等地，先后击败了残存陈军的抵抗。

至此，隋文帝结束了西晋末年以来近300年长期分裂的局面，实现了全国的统一。

隋统一战争在战略运用上

的特点为：集中使用兵力，力避两面作战。当决定先南后北时，即采用北守南攻方针，先巩固北部边防，并部署一定数量的机动部队，以保障南进时后方的稳定。

当突厥突然大举进犯，对隋王朝构成严重威胁时，立即变更战略，改为先北后南，采用南和北攻的方针，撤回南进大军，与陈朝结好谈和。待以政治分化瓦解和军事打击击败突厥后，再转兵攻陈。

在攻陈作战中，隋文帝更是根据情况变化，灵活确定战略打击目标，并且做到

了军政并举，对陈先以外交等手段，使之麻痹松懈，继之以军事手段使其疲惫消耗。

当条件成熟的时候突然集中兵力给以打击，加之战争准备充分，保证了渡江作战的顺利进行，使陈朝迅速土崩瓦解。

隋王朝统一全国，是历史发展的必然趋势。自西晋末年以后，华夏大地南北长期陷于分裂状态。但随着经济的发展，南北之间的联系日趋密切，统一成为了时代的需要。

　　隋文帝建立隋朝之后，注意争取人心，奖励生产，并取得了不错的效果。政治上较为巩固，经济上较为富裕，军事上较为强大，因而具备了统一南北的条件，并最终完成了统一。

拓展阅读

　　隋文帝不但重视制定法律，而且执行法律也非常严格，就是对待自己的儿子也不例外。

　　隋文帝的第三个儿子名叫杨俊。杨俊在全国统一后被封为秦王，他违反制度，偷偷放债取息，实际上是敲诈勒索。而杨俊手下的一些官员也乘机为非作歹，致使那些深受其害的小官吏和黎民百姓苦不堪言。

　　隋文帝得知消息后，派专使进行调查，处罚了100多个与这件事有牵连的人，并撤销了杨俊的一切官职，不许他再参与政事。消息传出，朝野震动。

雄兵征战

　　从五代十国到元代是我国历史上的近古时期。这一时期的战争具有独自的特点。五代十国时期没有形成具有统一意义的政权。北宋主要在今河北到宁夏一带，消灭了藩镇割据，实现了局部统一。

　　成吉思汗在蒙古草原上掀起了一股强劲的雄风，建立了横跨欧亚大陆的庞大帝国。蒙古帝国在灭掉西夏和金以后，又消灭了割据江南的南宋政权，这样，华夏大地第一次处在由少数民族蒙古族的一统之下。

北宋统一结束藩镇割据

北宋统一战争，是宋朝建立后，对五代十国后期的割据政权武平、后蜀、南汉、南唐、北汉的统一战争。

北宋为消灭藩镇割据，实现天下统一，采取了先易后难、先南后北的方略，举兵平荆湖，灭后蜀、南汉、南唐、北汉等割据势力，实现了局部统一，这也是来之不易的。

北宋虽未完全统一中国，但它也结束了自唐朝安史之乱以来近百年的分裂局面，实现了南北主要地区的统一，对社会经济文化的发展起到了一定的促进作用。

960年，赵匡胤以"陈桥兵变"夺取帝位，建立北宋王朝，赵匡胤就是宋太祖。北宋建立后，藩镇割据的局面依然未变。

当时，除北方有契丹族建立的强大的辽政权外，尚有江汉的南平，湖南的武平，两川和汉中的后蜀，岭南的南汉，江淮地区的南唐，两浙地区的吴越，河东江州的北汉等割据政权。面对严峻局势，北宋统一战略是否得当便成为统一事业成败的关键所在。

为实现统一，宋太祖加强中央集权，改革军制，发展生产，巩固统治。经过两年在政治、经济、军事诸方面的准备，确定先易后难、先南后北的战略决策，决心袭占荆南和湖南，攻灭前、后蜀，攻灭南唐，灭亡北汉，通过战争创造统一局面。

962年，宋太祖部署兵力，选择荆、湖为突破口，挥师南下，统一战争开始了。

荆南和湖南地处长江中游要冲，南北相邻，又东临南唐，西接后蜀，南靠南汉。占领荆南和湖南，即可割裂江南诸国，为各个击破创造条件。

962年，湖南衡州刺史张文表兵变占领潭州。湖南武平节度使周保权向宋求援。宋太祖遂决定在出师湖南之际，假道荆渚，先灭南平高继冲政权，再接着灭亡武平周保全势力。

963年初，宋太祖命山南东道节度使慕容延钊为湖南道行营前军都部署，枢密副使李处耘为都监，率安、复等10州兵马，以讨张文表为名，借道荆南向武平进军。

接着，宋军到达荆门。慕容延钊一面殷勤招待荆南使者，一面密派李处耘率数千轻骑乘夜向江陵急进，乘高继冲惶恐出迎之机，迅速抢占城内要点，高继冲被迫请降，荆南政权遂亡。

之后，宋军继续水陆并进，经三江口澧州南等作战，歼灭湖南兵，占领朗州，俘周保权，湖南周氏政权遂亡。

宋军并灭荆南和湖南，使北宋势力伸入长江以南，切断后蜀与南唐之间的联系，为尔后入川灭蜀，进军岭南南汉和东灭南唐创造了有利条件。

宋太祖灭荆南和湖南后，占据长江中游战略要地，切断了后蜀与南唐的联系，遂策划攻蜀。令张晖为凤州团练使，得蜀国虚实及山川险易；加紧制造战船，训练水军；命诸州造轻车，以供山地输送之用；设西南面转运使，做攻战的物资准备。

963年11月，宋太祖发兵5万人，分两路攻蜀。令王全斌、崔彦进为西川行营凤州路正副都部署，王仁赡为都监，率北路步骑3万人，自凤州沿嘉陵江南下；令刘光义为西川行营归州路副都部署，曹彬为都监，率东路步骑2万人自归州溯江而上。两路分头并进，直指成都。

后蜀主孟昶为抵御宋军，命王昭远为北面行营都统，赵崇韬为都监，率兵3万人自成都北上，扼守利州、剑门等要地；另以韩保正、李进为正副招讨使，率兵数万趋兴元，加强北面防御；东面仍由昭武节度使高彦俦等扼守夔州。

12月中旬，宋北路军进入蜀境，攻克兴州，败蜀军7000人，继克石圌、鱼关等20余城寨。蜀将韩保正闻兴州失守，弃兴元，移师西县，以数万人依山背城，结阵自固。

宋马军都指挥使史延德率军乘胜进攻西县，击溃蜀军，擒获韩保正、李进等人，继而穿越三泉，直趋嘉川，俘杀甚众。

　　韩保正和李进的余部为了阻宋军南进，烧断栈道，退保葭萌。此时王昭远、赵崇韬率军据守利州城及其以北的大、小漫天寨诸要点，阻击宋军。

　　利州在嘉陵江东岸，群山环绕，地形险峻，是入蜀的咽喉要地。王全斌鉴于栈道断绝，难以直进。命崔彦进率兵一部抢修栈道，进克小漫天寨；自率主力由嘉川东南的罗川狭径迂回南进。两路军于深度，即小漫天寨南嘉陵江渡口会师，并夺占桥梁。又分兵三路夹攻大漫天寨，大败蜀军精锐，俘义州刺史王审超等。

　　王昭远、赵崇韬率兵出战，三战皆败，遂于桔柏津渡江，焚浮桥，退保剑门。宋军占利州。

　　12月下旬，刘光义率东路军，入三峡，连破三会、巫山等寨，杀蜀将南光海等，擒战棹都指挥使袁德弘，歼灭水、步军1.2万余人，夺战舰200余艘，乘胜向夔州急进。

　　夔州为巴东之咽吭，蜀军于城东设锁江浮桥，上置木栅三重，夹江列炮，防御甚严。刘光义军进至浮桥东15公里处，为避实击虚，舍舟登陆，夺取浮桥，水陆配合，一举攻破蜀军防线。

　　夔州节度使高彦俦认为宋军涉险远来，利在速战，当坚壁固守。监军武守谦不从，率所部千余人贸然出战，大败而归。宋马军都指挥使张廷翰率军追击，突入城内。高彦俦力战失败自焚。

　　宋军占领夔州后，沿江西上，收降万、开、忠等州，直逼成都。

　　965年正月初，孟昶闻王昭远等败，惊惧之余，遂命素不习武的太子孟玄喆为元帅，率甲兵万余，增援后蜀的重要屏障剑门。此时宋北路军已占剑州以北的益光。

　　王全斌知剑门天险，不易强攻，命史延德率兵一部，经城东南来苏小径迂回至剑门南，自率主力从正面进攻。

　　王昭远闻宋军将至，仅以偏将守剑门，自率主力退保汉源坡。宋军前后夹击，速克剑门，并趋汉源坡。王昭远惊惧，战守无方。赵崇韬布阵迎战，战败被俘，损兵万余。王昭远亦被宋追兵俘获。

　　宋军乘胜占领剑州。孟玄喆到了绵州，闻剑门已失，弃军仓皇逃回成都。宋军两路先

后进抵成都。

　　孟昶见大势已去，乃降，后蜀亡。荆湖、后蜀灭亡后，南唐、吴越臣服，唯南汉主刘鋹拒绝臣服宋。969年，宋太祖以右补阙王明为荆湖转运使，做出战南汉的物资准备。

　　970年，宋太祖命潭州防御使潘美为贺州道行营兵马都部署，率由各州自行组成的地方军队长驱南下，中间突破，直趋贺州。潘美声言沿贺水东取兴王府，以诱歼南汉军主力。南汉主刘鋹派大将伍彦柔率舟师溯郁江、贺水西上增援。

　　9月，宋军围困贺州，随军转运使王明率护送辎重卒百余、丁夫数千，挖土填堑，直抵贺州城下。最后宋军伏击取得胜利，杀伍彦柔，占领了贺州。

　　宋军占领贺州后，潘美为诱南汉军主力北上，乘机歼之，遂扬言顺流东下，直趋兴王府。

刘鋹急忙起用被解职多年的宿将潘崇彻为马步军都统，领军3万人，北上截击。潘崇彻进抵贺江，适逢潘美率军西进，遂拥兵自保。

10月，宋军于昭州西南败南汉军，昭、桂二州刺史弃城遁走，宋军遂得二州。宋军继而转兵东向，11月攻克连州。12月，宋军直逼兴王府的北部咽喉要地韶州。

南汉都统李承渥率兵10余万，于莲花峰下，以"象队"置阵前，每象载十数人，皆执兵器，梯次向宋军推进。宋军设拒马为障，以强弩猛射，象中箭回奔，反践南汉军。宋军乘势冲杀，俘斩数万，遂取韶州。

971年，宋军攻克英、雄二州。随即进至马径，以火攻破南汉招讨使郭崇岳6万兵。宋军乘势急攻，大败南汉军。郭崇岳死于乱军中，刘保兴逃归兴王府。宋军兵临城下，刘鋹被迫出降，南汉亡。

在此战中，宋军长驱直入，运用奇兵设伏、弩射象阵、火攻栅栏

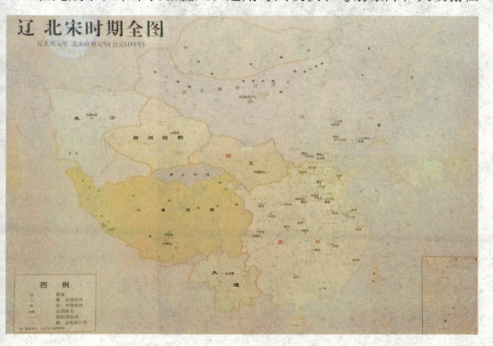

等战法，逐次攻破南汉军防线，直捣其都城，迫其投降。

宋灭南汉后，南唐后主李煜，表面上臣服以求自保，暗中却加紧备战。以防宋军进攻。

宋太祖志在统一江南。经两年准备，于974年9月，命宣徽南院使曹彬为升州西南面行营马步军战棹都部署，偕都监潘美，统领10万大军出荆南，调吴越军出杭州北上策应；并遣王明牵制湖口南唐军，保障主力东进。

10月，曹彬率军顺长江东下，水陆并进，攻破池州，占领采石。于11月，在采石架通长江浮桥，保障大军渡江，继续向东推进。

975年，宋军破溧水，继与10万南唐军激战于秦淮河，大败南唐军，直逼江宁城，在西路王明军和东路吴越军配合下，全歼南唐神卫军都虞侯朱令赟率领的10万救援军，于11月攻破江宁。李煜降，南唐灭亡。

此战是继晋灭吴之战和隋灭陈之战后，我国战争史上第三次大规模的渡江作战，宋军在长江下游成功地架通浮桥，成为我国古代战争史上的一个创举，使大军克服天险，分兵击破南唐守军，攻占江宁，迫降南唐。

历史再一次证明，在南方作战，在某种意义上说，是水军的较量。水军强大并预有准备者，赢得战争的胜算会更大。晋灭吴、隋灭陈都是如此，宋灭南唐也是如此。南唐后主李煜过分依赖长江天险，欲以"坚壁以老宋师"的防御战法，坐失利用宋军渡江时反击的时机，终于失败。

976年8月，宋太祖准备收复燕云。正在他调兵遣将之时，不料宋太祖去世，赵光义继位，是为宋太宗。因国丧之故，遂于12月召回北伐之师。至此，宋太祖遣军进攻北汉的战争，均因辽军援阻，最终未获成功。

宋统一江南后，实力倍

增。宋太宗继承太祖赵匡胤的未竟之志，决意继续攻北汉。

　　979年初，宋太宗采取攻城阻援的作战指导，命宣徽南院使潘美为北路都招讨制置使，率崔彦进、李汉琼、曹翰、刘遇等军攻太原；命云州观察使郭进为太原北石岭关都部署，阻击从北面增援的辽军；命田仁朗、刘绪负责侦察太原城四面壕寨并检查攻城的各种器材；命孟玄莆为兵马都钤辖，驻泊镇州，阻击从东面增援的辽军；命河北转运

使侯陟、陕西北路转运使雷德骧分掌太原东、西路转运事，并命行在转运使刘保勋兼任北面转运使；宋太宗亲率主力一部出镇州，牵制幽州的辽军大规模西援或南卜。

　　2月，宋太宗率军由东京出发，3月进至镇州，分兵攻盂县、沁州、汾州、岚州等外围州县，以牵制这些地区北汉军对太原的增援。

　　北汉主刘继元闻宋大兵压境，急遣使赴辽求援。辽帝命南府宰相

耶律沙为都统，冀王敌烈为监军，率兵援救北汉。耶律沙打算等后续部队到齐后再战，敌烈等认为立即进攻有利，于是在白马岭抢先渡涧进攻宋军。

郭进军乘敌烈部半渡，突然出击，斩敌烈等五员大将，歼万余人，辽军余众仓皇逃走。此时，北院大王耶律斜轸率军赶到，万箭齐发，宋军方始退。

北汉再次派人向辽求援，但使者被郭进军捉住杀掉。北汉潜师出击，又被宋军击败，遂据太原城固守。

宋军打援获胜，乘势全线进攻。4月，宋军攻下盂县、隆州、岚州等地区后，宋太宗率军至太原，以数十万大军，集兵围城。宋太宗巡城抚慰诸将，并致书招降北汉主刘继元，但被拒绝。

5月，北汉主刘继元在外无援兵，内无斗志的情况下，出城投降。北汉灭亡。至此，北宋统一战争以消灭北汉之战的最后胜利而结束。

北宋在削平南方诸国后，按照先南后北、统一中国的战略，收复幽云便被提到了议事日程之上。后于1004年12月，宋辽讲和，签订"澶渊之盟"，双方约为兄弟之国，承认边界现实，宋每年给辽银10万两，绢20万匹。从此，宋辽两国维持了100余年的和平通好关系。

北宋虽未完全统一中国，但也实现了局部统一。结束了自唐朝中叶安史之乱以来的藩镇割据和五代十国的分裂局面，实现了南北方主要地区的统一，对社会经济文化的发展起了促进作用。

拓展阅读

有一天，宋太祖在御花园内用弹弓打鸟，正玩得高兴，突然传来景阳钟急促的响声。在古代，景阳钟响说明是有事要奏明皇帝的。

宋太祖丢下打鸟工具匆忙入殿，岂料那些奏折只是有一些鸡毛蒜皮的小事，大为恼怒。撞钟人小声地说："小事也比打鸟要紧。"

宋太祖一听，随手夺过侍卫手中的钺斧，用钺斧柄敲掉了撞钟人两颗门牙。撞钟人慢慢捡起牙齿放进怀里，并说："此事虽小，却会有史官记载。"

太祖冷静一想，便消除了怒气，还给撞钟人封了个官。

成吉思汗统一蒙古之战

　　成吉思汗统一蒙古之战，指成吉思汗自12世纪80年代至13世纪初统一蒙古高原上分布着的几个强大的游牧部落的战争。

　　成吉思汗统一蒙古各部落的战争，在我国古代战争史上具有重要地位，在我国历史上也具有重要意义。它既充分显示了成吉思汗的雄才大略和高超的军事指挥艺术，也给我国北方草原带来了勃勃生机。

　　蒙古统一后，蒙古帝国在政治、经济和文化等方面都获得了较快发展和质的飞跃，为后来忽必烈建立大元打下了坚实的基础。

　　辽及北宋时期，在蒙古高原上分布着几个强大的游牧部落，如蒙古、塔塔儿、篾儿乞等。蒙古各部贵族为了抢夺草原、财产和奴隶，相互间展开了长期的、激烈的部落战争。

　　在蒙古诸部战争中，蒙古乞颜氏首领合不勒汗被推举为第一位汗，统辖丁全部蒙古。合不勒汗的继任者忽图剌汗死后，蒙古部落联盟分裂为泰亦赤兀惕和乞颜两大部落。

　　蒙古乞颜氏的孛儿只斤氏贵族首领孛儿只斤·也速该，被塔塔儿人用毒药害死，其子铁木真在克烈部首领王罕和札只剌惕部首领札木合的援助下，打败了来袭击的篾儿乞人，夺回了很多部众，力量逐渐壮大了起来。

　　1189年，铁木真被推举为蒙古乞颜部可汗，成为蒙古乞颜部的首领。铁木真从属民及奴仆中选拔自己的亲信，组成了护卫军。这支队

伍，成为铁木真统一蒙古高原军事力量的基础。

铁木真称汗引起了雄心勃勃的札木合的忌恨，札木合感到危及了自己的霸主地位。于是，他借口部人劫掠铁木真马群被射杀，于1190年，联合泰赤乌等13部共3万人进攻铁木真。

铁木真得到札木合部下亦乞列思人的报告后，将自己所属3万人分为十三翼，也就是13个营，铁木真和母亲诃额伦各分统一翼军，其余各翼多由乞颜部贵族统领。双方大战于答阑巴勒主惕。史称"十三翼之战"。铁木真在"十三翼之战"中战败，为保存实力退至斡难河的哲列捏山峡，扼险而守。

在此战中札木合虽然取得胜利，但他残忍地对待俘虏，激起了所属部落首领的反对，丧失了人心。而铁木真对部众多施仁义，关怀笼络，故归心于铁木真。于是术赤台、畏答儿、晃豁坛、速勒都思等族人纷纷来附。此后，铁木真力量进一步壮大。

1196年，从属于金王朝的塔塔儿部叛金，金遣丞相完颜襄率军征讨。铁木真联合克烈部王罕，以为父亲报仇的名义，率军在斡里匝河上游击溃了塔塔儿部，使塔塔儿部从此一蹶不振。战后，金朝授铁木真紥军统领之职，使他可以用金朝属官名义号令蒙古部众。

1202年，铁木真与王罕联军又在阔亦田击败了札木合同乃蛮、泰赤乌、塔塔儿、蔑儿乞等联军，取得了阔亦田之战的胜利。

阔亦田之战是铁木真与札木合集团的最后一次决战，也是争夺蒙古部领导权的最后一战。至此，铁木真成为蒙古部的唯一首领。少数不服从他的人无法立足，只好带着一部分部属，投奔克烈部首领王罕。阔亦田之战后，铁木真接着招降了呼伦贝尔一带的弘吉剌惕等部。至此，西起斡难河上流，东至大兴安岭以西的蒙古高原，都被铁木真控制了。

1203年春，铁木真发动了合兰真沙陀、折折运都山之战。合兰真沙陀在今内蒙古东乌珠穆沁旗北境，折折运都山在今克鲁伦河上游之南。这是铁木真与克烈部王罕的战略决战。

克烈部是蒙古高原上最强盛的一个部落集团，该部落首领脱斡邻勒汗，因入金纳贡和助金作战有功，被金朝册封为王，故蒙古人称之为王罕。铁木真被推选为蒙古乞颜氏首领后，一直依附于强大的克烈部，遵王罕为父，

凭借其力量保护自己，同时征战四方。

铁木真曾经意欲联合王罕消灭乃蛮部。王罕见铁木真势力不断壮大，危及自己在蒙古高原的霸主地位，便开始招纳蒙古部的叛逃者，利用他们来扩充自己的势力。

铁木真为了争取王罕力量，进而瓦解其势力，采用离间与联婚的策略。王罕伪许婚姻，邀请铁木真吃许亲酒，欲乘机杀死铁木真。因阴谋泄露，诱杀未成，立即发兵进击。

铁木真仓促迎战，双方交战于合兰真沙陀，铁木真仅以3000兵马，迎击数倍的王罕军，苦战一日，击退王罕军的进攻后，乘夜移师至合勒合河畔，分军沿河而下，到今贝尔湖之东的董哥泽，始脱险境。王罕也引军西归。战后，追随王罕的蒙古贵族，阴谋袭击王罕，自立为王，答里台等逃归铁木真，札木合等奔乃蛮。

铁木真失利后，休养士马，纠集部众，派使者责问王罕，并行离间之策，稳住对方，争取时间，欲图再战。待力量得到恢复后，遂移驻斡难河西岸的三河源头，整军备战。

不久，铁木真探知王罕毫无戒备，他一面令其胞弟拙赤合撒儿前去诈降，一面移军客鲁涟河上游，秘密袭击王罕。经三天三夜激战，破其隘口，围王罕大营，全歼王罕军。王罕父子二人西逃后，亦被乃蛮哈剌鲁汗所杀。至此，克烈部灭亡。

此战在我国战争史上占有重要地位，战争中双方所采用的远程偷袭战术，最能发挥骑兵快速、机动、灵活、速决的特长。

王罕的偷袭使铁木真丧失两翼军，因军情泄露免遭全歼。可是，铁木真有充分准备的远程突袭，则使王罕全军覆没。

在合兰真沙陀之战中，王罕所采用鱼鳞阵进攻的战术和铁木真占据有利地形，趁敌立足未稳，主动进攻的攻势防御战术，在统一各部战争中都是破例的，对后来骑兵战术的发展有其深远的影响。

1204年春，铁木真发动纳忽昏山、不黑都儿麻之战。纳忽昏山即今巴颜乌拉山，不黑都儿麻即今哈萨克额尔齐斯河支流布赫塔尔马河。这是铁木真与乃蛮部太阳汗的战略决战。

在当时，铁木真正在野外狩猎，得知太阳汗准备进袭的情报后，立即召集诸将商议。铁木真采纳弟弟别勒古台主动进击的计策，并把军马集中在合勒河畔，进驻客勒贴该合答，并对军队进行整顿。

整军于4月结束后，马上祭旗出发。铁木真率大军到达萨里川之后，为使乃蛮太阳汗产生错觉，以便延缓其进攻时间，恢复蒙古远征军的疲劳，不仅用瘦马骄敌之计，而且采用增火惊敌之计，白昼多设疑兵，夜令每人各烧火5

处，以示蒙古兵众势强。

乃蛮前哨见蒙古军已满集于地区。萨里川之野，且似日增无已，其火多于星辰。太阳汗闻报后准备后撤，诱蒙古军到阿勒台山南麓，再行决战。由于大将豁里速别赤的坚决反对，勉强率军进至纳忽昏山东麓的察乞儿马兀特。

铁木真得知情报，立即向乃蛮军发起进攻。双方鏖战于纳忽昏山峡谷。救援太阳汗大本营的乃蛮军被铁木真军迂回分割，分别在各山头被歼。太阳汗看到援救无望，便乘夜率军突围，因通路被蒙古军封锁，只好攀登山涧陡崖，人马多半失足坠落山涧陡崖，死伤甚众。太阳汗在突围过程中受箭伤而死。

太阳汗之子屈出律和一部蒙古叛逃者脱黑脱哈等率残部奔乃蛮北部的不欲鲁汗，企图重整旗鼓，共同设防。铁木真乘胜分南北两路追击，他引西路军追至阿勒台山征服太阳汗所属部众后，继续北追古出鲁克，进至不黑都儿麻源头，设哨对峙。铁木真大军因冬季作战不便，在汗呼赫岭以南过冬。

1205年春，铁木真率大军越过汗呼赫岭向乃蛮北部军进攻。此次作战中，乃蛮北部首领不欲鲁汗等被杀死。蒙古军追击乃蛮军至额儿的失河全歼溃军，只有屈出律渡过河，后逃亡西辽国。强大的乃蛮部灭亡。至此，铁木真统一蒙古的大业完成。此战是统一蒙古诸部战争中的规模最大的一次作战。铁木真以4万人的劣势兵力，战胜太阳汗8万之众的优势兵力，是中国战争史上著名的以少胜多的围歼战。

铁木真在这次作战中，总结了以往的作战经验，改革了军制，提出了"凿穿战"的三原则和"攻心为上"、"穷寇必灭"的作战指导思想，对其独特的战略战术思想的形成打下了良好的基础，在中国战争史上占有重要地位。

1206年春天，蒙古贵族们在斡难河源头举行"忽里勒台"，也就

是大聚会，诸王和群臣为铁木真上尊号成吉思汗，正式登基成为大蒙古国皇帝，这是蒙古帝国的开始。

成吉思汗之所以能够统一蒙古各部，是因为他在战略上藐视一切敌人，注重分清敌友，力避树敌过多；并重视掌握敌情，以做到知己知彼，百战不殆；同时强调集中优势兵力，各个歼灭敌人；在战术上机动灵活，惯于实施远程奇袭，速战速决，或者佯退诱歼，在运动战中歼灭敌军；这一时期创建的鱼鳞战术，成为战争指挥艺术的优秀遗产。成吉思汗的卓越军事才能，还表现在蒙古各部统一战争中的军事组织能力，统御天才，知人善任，恩威并济。

成吉思汗统一蒙古各部，在我国历史上具有重要意义。它使蒙古帝国在政治、经济和文化等多方面都得到了空前的发展，还为后来忽必烈建立大元王朝打下了坚实的基础。

拓展阅读

铁木真小时候，常与4个弟弟吵架怄气。有一次，为了争夺一头死鹿，他和几个弟弟几乎动起手来。

铁木真的母亲诃额仑是个深谋远虑的女人，他发现几个儿子老是不团结，心中非常不安。

这天，她把五个儿子叫到身边，从箭囊里取出五支箭，用一根皮绳捆在一起，让孩子们分别试着折断。大家试了试都折不断。诃额仑又分给每人一支箭。结果很容易就折断了。

铁木真一下子明白了其中的道理，并深受感动。从此，铁木真兄弟相处得非常和睦。

安邦定国

明清两代是我国历史上的近世时期。这一时期，巩固统一、反对分裂作为我国历代战争的主流，有了更加鲜明的特点。

明朝在北疆的8次北征就是证明，而在东南沿海的用兵则是为了巩固统一。如郑成功收复台湾之战就属于这类性质。

清朝在建国之前，努尔哈赤统一女真并建立后金政权，可以看做是满族入主中原的前奏。如果说实现一统是我国历代战争的主流，那么近世时期的几场战争基本都实现了这一目标。

明统一战争南北并举之策

　　明统一战争，是明太祖朱元璋为统一全国，遣军推翻元朝，消灭各地割据政权及元朝残余势力的一系列作战。

　　明太祖从建立明王朝到纳哈出归降，历经22年的南征北伐，终于结束了元朝的民族等级制度，完成了统一全国的大业，为明代政治制度的加强和经济建设的发展奠定了坚实基础。

　　明朝是我国历史上承元朝、下启清朝的朝代，也是我国历史上最后一个由汉族建立的统一王朝，并被史家认为是我国传统文化复兴的关键，为汉文化的继续发展起到了承前启后的作用。

元末爆发了以红巾军为主的农民起义，首领朱元璋相继攻灭了江南汉帝陈友谅、吴王张士诚政权。

1368年，朱元璋在应天即帝位，国号大明，是为明太祖，建元洪武。明太祖审时度势，决定北定中原与南略沿海并举，发动统一战争，以彻底夺取全国统治权。

元朝灭亡时，元顺帝脱欢帖木儿北走上都，仍用元国号，史称"北元"。为了消灭元朝残余势力，统一漠北，明太祖先后8次发动进攻北元战役。

1370年，明太祖开始了第一次北征沙漠。

对于此次北征沙漠的战略方针，明太祖根据元主滞留塞外的和林，扩廓帖木儿驻兵定西，不断南犯的情况，决定兵分为二路：一令大将军徐达自潼关出西安捣定西，以取扩廓帖木儿；一令左副将军李

文忠出居庸关入沙漠以追元主，使其彼此自救，不暇应援。并命大同指挥金朝兴、大同都督同知汪兴祖等先期进攻山西、河北北部的元军，以吸引元军注意力，策应主力作战。

2月，金朝兴攻克东胜州。之后，汪兴祖攻克武州、朔州，徐达率师进抵定西。4月大败元军于沈儿峪，扩廓帖木儿逃往和林。5月，徐达分遣邓愈招谕吐蕃，自率大军南向攻克略阳、沔州、兴元，随即回军西安。

李文忠部出居庸关以后，于5月初，经野狐岭连败元太尉蛮子、平章沙不丁朵耳只八剌于白海骆驼山，再败元平章上都罕于开平。进逼应昌，大败元军，缴获甚众。李文忠在回师途中还攻克兴州。

10月初，明太祖命徐达、李文忠等班师回朝。

明军首次北征，两路皆获大胜，元朝在近塞的残余势力遭到沉重打击。

1372年1月至11月，明太祖对北元进行第二次大规模作战。

　　明太祖命徐达为征虏大将军、曹国公李文忠为左副将军、宋国公冯胜为右副将军，各率兵5万人，分三路出征。

　　此次作战方针是：以徐达为中路，出雁门关趋和林，扬言急趋和林，实则缓慢进军，诱元军出战而歼灭之；李文忠为东路，出居庸关

经应昌趋和林，出其不意，攻其不备；冯胜为西路，出金兰趋甘肃，以疑元军，使其不知所向。这一战略部署，以中路为正，东、西两路为奇，奇正并用，三路合击。

中路军于2月进至山西境内，徐达以都督金事蓝玉为先锋，先出雁门关，败扩廓帖木儿游骑于野马川。3月，蓝玉又败扩廓帖木儿于土剌河，扩廓逃去，与元将贺宗哲联合，在岭北一线抵御明军。

5月，徐达兵至岭北，轻敌冒进，骤然交战，被元军击败，被迫敛军守塞。7月，偏将军汤和在断头山败绩，指挥同知章存道战死。

西路军进至兰州以后，颍川侯傅友德率骁骑5000人败元将失剌罕于西凉。进至永昌，再败元太尉朵儿只巴于忽剌罕口，获辎重牛马甚众。然后与冯胜主力会师，败元兵于扫林山，擒其太尉锁纳儿加、平章管著等人，军威大振。

6月初，逼降元将上都驴，获吏民830余户。明军抵亦集乃路，故元守将伯颜帖木儿举城降，继败元军于别笃山口，元岐王朵儿只班遁去。傅友德率兵追至瓜州、沙州，又败元军。

东路军于6月抵达口温，元军闻讯而遁，获牛马辎重无算，经哈剌莽来至胪朐河。李文忠留部将韩政守辎重，亲率大军轻装急进，在土剌河、阿鲁浑河一带与元将蛮子哈剌章激战数日，元军败退。

李文忠率师追至称海，元兵复集拒战，李文忠见元军气势甚锐，乃敛兵据险自固并张疑兵，元军惧有伏兵，不敢逼近，遂引军而去。李文忠班师而还。10月西路军冯胜班军回京。

11月，因塞外苦寒，一时难以作战，明太祖遂令中路军徐达、东路军李文忠班师。

明军二次北征，主力中路军战败，东路军得失相当，仅西路军获胜，明军主要是轻敌冒进造成失败。

1380年，明太祖对塞外北元进行第三次进攻作战。2月，北元国公脱火赤、枢密知院爱足率众万余人屯于和林。明太祖命西平侯沐英率陕西之军进讨。3月，沐英师至灵州，获悉脱火赤兵亦集乃路，遂率师渡黄河，经宁夏，过贺兰山，涉流沙，历时7昼夜，突至其境。

在距其营25公里处，分兵四路，袭其背，掩其左、右，沐英亲率

骁骑当其前。各路乘夜衔枚而进，实施合围。脱火赤、爱足等惊骇不知所措，皆俯首就擒，明军尽获其众而归。

1381年，明太祖对塞外北元进行第四次进攻作战。1月，北元平章乃儿不花等进犯明边。明太祖命魏国公徐达为征虏大将军，信国公汤和为左副将军，颍川侯傅友德为右副将军率军北征。

关于此次北征的战略战术，明太祖作了指示：首先派侦察部队出塞，刺探军事情报，若有埋伏，则诱其深入，待其困疲而反击之；若无埋伏，即以精兵直捣其营。

4月，徐达率诸将出塞，兵分东西两路，相互策应。东路以傅友德为前锋，夜袭灰山，败北元军，获其部落人畜甚众。行至北黄河，北元军惊惧而遁，明军追擒其平章别里不花、太史文通等。

西路军在沐英率领下，出古北口，直捣高州、嵩州、全宁诸部，渡胪朐河，获其知院李宣及其部众。至8月底，北征部队班师回京。

1387年1月至6月，明太祖对塞外北元进行第五次进攻作战。

1月，明太祖朱元璋命宋国公冯胜为征虏大将军，颍国公傅友德、永昌侯蓝玉为左右副将军，南雄侯赵庸、定远侯王弼为左参将，东川侯胡海、武定侯郭英为右参将，前军都督商暠参赞军事，率师20万人北征北元太尉纳哈出。

2月，冯胜率兵抵达通州，侦知纳哈出分兵屯守庆州，遂遣蓝玉率轻骑乘天大雪出兵，杀其平章果来，擒其子不兰奚，获人马而还。3月，冯胜等率师出松亭关，筑大宁、宽河、会州、富峪四城，驻兵大宁。5月，冯胜留兵5万人驻守大宁，率大军直捣金山。6月，进至辽河之东，获其屯兵进驻金山之西。

这时，乃剌吾亦到达松花河，力劝纳哈出投降。纳哈出心怀二志，犹豫不决，先后多次派使臣赴明军驻地，以献降为名，观明军虚实。在明军大

军压境，步步进逼的情况下，纳哈出被迫投降。最后肃清了元朝在辽东的势力。

1387年至1388年，明太祖对塞外北元进行第六次进攻作战。

1387年，明太祖为肃清沙漠北元势力，命永昌侯蓝玉为征虏大将军，延安侯唐胜宗、武定侯郭英为左右副将军，都督佥事耿忠、孙恪为左右参将，率军15万人北征。11月，蓝玉获悉北元丞相哈剌章、乃儿不花等逃入和林，遂由大宁发兵进讨。

1388年3月，师至庆州，闻元主脱古思帖木儿屯驻捕鱼儿海，间道兼程而进。4月，进至捕鱼儿海南岸，侦知脱古思帖木儿营在捕鱼儿海东北40余公里，蓝玉遂以王弼为前锋，率精骑直捣其营。

元主毫无准备，正欲北行，忽闻明大军至，其太尉仓促率众拒战，被明军击败投降。脱古思帖木儿与其太子天保奴、知院捏怯来、丞相失烈门等数十骑遁去。蓝玉率精骑追击千余里，不及而还，俘获众多人等及物资，遂奏捷班师。

1390年1月至3月，明太祖对塞外故元进行第七次进攻作战。

1月，明太祖命晋王朱㭎、燕王朱棣分兵两路，各率师北征。并以颍国公傅友德为征虏前将军，南雄侯赵庸、怀远侯曹兴为左右副将军，定远侯王弼、全宁侯孙恪为左右参将，督兵从征。敕王弼率山西兵听晋王节制，其余均听燕王朱棣节制。

3月，燕王率军出长城古北口，侦知乃儿不花等屯驻迤都，遂乘大雪直捣其营，攻其不备。30日，师抵迤都，先派与乃儿不花有旧的观童入营求见，大军进围其营，乃儿不花等被迫投降，悉收其部落人马而还。晋王率军出塞，不见北元人马而还。

1396年，明太祖朱元璋对塞外北元进行第八次作战。

3月，明太祖获悉大宁卫北有北元踪迹，遂命燕王朱棣选精卒自北

平抵大宁，沿河南北侦察元兵所在，相机进击。

朱棣兵至彻彻儿山，遇元兵，大败之，擒其将索林帖木儿等数十人。追至兀良哈秃城，遇故元哈剌兀，又大败之，凯旋。

在明太祖及时有力地打击之下，北元部众奔散，北元政权灭亡，明太祖统一了漠北，明朝统治得到巩固。

解决了北元问题，明太祖全力征战福建两广，想统一南方。其实此项战略在北伐时已开始实施。

明太祖命汤和与副将军廖永忠在灭方国珍势力后，出奇兵克福州，于1368年破延平，控制了当时的福建行省平章陈友定；胡廷瑞克

建宁、兴化，招降汀州及泉州以南州县；浙江行省平章李文忠率部入闽，歼金子隆等部，占福建。

接着，明太祖命廖永忠为征南将军，朱亮祖为副将军，由福建海道入广东，与先遣由湖南征广西的杨璟及江西赣州卫指挥使陆仲亨部互为犄角，进军两广。

杨璟攻克全州、武冈等地。廖永忠率部抵广州，当时的广东行省左丞何真势穷出降。诸路明军入广西，相继攻取未下州县。

明太祖趁南征北伐胜利之际，遣使赴蜀招降割据的夏政权首领明升，遭拒绝后，决计用兵。明太祖命汤和为征西将军，周德兴、廖永

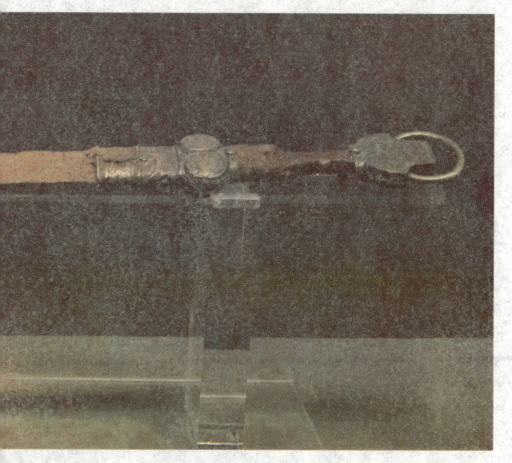

忠为副，率舟师溯长江而上；傅友德为征虏前将军，顾时为副，率步骑从陕西南下，两路明军水陆并进攻夏。

汤和部进攻瞿塘受挫。傅友德部声言出金牛道，暗率5000精兵出陈仓，攻克夏军的阶州，开辟入川通道，随即克汉州。汤和克夔州，抵重庆，明升势穷出降，夏亡。傅友德围成都，夏丞相戴寿以城降。

自1372年起，明太祖多次遣使赴云南招降元梁王把匝剌瓦尔密，均遭杀害。遂于1381年命傅友德为征南将军，蓝玉、沐英为副将军，率步骑兵30万征讨。

明军至湖广境，兵分两路：由都督郭英领兵5万人为北路，南趋乌撒，以作牵制；由傅友德率主力为东路，克普定，直趋云南。

开战后，明军用奇正战法，败元司徒平章达里麻部10万，俘达里麻以下2万余人，攻占云南东部门户曲靖。随即由蓝玉、沐英率部进占昆明，元梁王出逃自杀。傅友德北上与郭英会师，大败元右丞实卜，克七星关，招降附近各州县。

1382年，蓝玉、沐英攻占大理，俘首领段明弟段世，分兵取云南全境。随后明军分道进兵乌撒，又平东川、建昌、芒部等。大军第二年班师回朝，留沐英镇守云南。

明太祖趁元末元朝势力削弱，其他作战对象各据一方、互不应援等情况，审时度势，运筹帷幄，恰当任用将帅，攻抚兼施，南北兼顾，各个击破，统一全国大部分地区，显示了卓越的用兵才能和驾驭战争的能力。

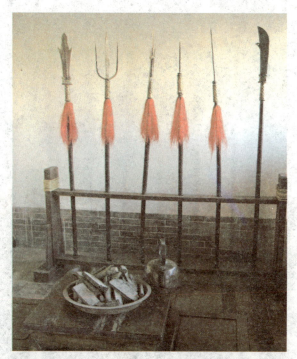

拓展阅读

朱元璋是我国历史上的政治家和军事家，也是明朝的第一个皇帝。有人说朱元璋在参加红巾军以前是一个不务正业的人。其实，朱元璋无非是元朝末年黑暗统治时期的一个清苦的农民而已。

朱元璋年轻时就失去了父母亲，由于吃不上饭，他还曾经做过和尚。朱元璋当时深感元朝统治者的残暴统治，于是，他投奔郭子兴，参加了农民起义军。

朱元璋最终建立了大明王朝并统一了全国。

郑成功收复台湾之战

郑成功是明末清初的著名军事家和民族英雄。他收复台湾之战，是中华民族反对外来侵略的伟大胜利，使台湾从此回到了祖国的怀抱。

这场战争驱逐了荷兰殖民者，收复了沦陷了38年的宝岛台湾，捍卫了我国的主权和领土完整，具有极其重大的历史意义。

台湾是我国领土，位于我国东南的海中，在台湾海峡的另一侧，南接东山、海南、南海诸岛，北连马祖、大陈、舟山群岛，被称为七省之藩篱，东南之锁钥，战略位置极为重要。

早在东吴王时期，吴王孙权便派将军卫温、诸葛直，率甲士万余，航海到达台湾。元代在澎湖设巡检司，管理台湾与澎湖列岛。

17世纪上半叶，荷兰殖民主义者大规模侵掠亚洲，数度入侵台

湾。郑成功便考虑收复台湾，准备渡海东征台湾。

郑成功要收复台湾，需渡海作战，背水攻坚，为此进行了充分周密的准备。除通过各种侦察手段不断了解敌情和多方筹备粮饷外，他把准备的重点放在练兵造船上。为了提高渡海作战的能力，郑成功主要在以下3个方面进行了准备：

一是改编部队。郑成功对部队进行了改编整顿。编制采用五五制，重组作战主力部队。设总督五军戎政一员，总制五军。每军设提督一员，负责该军的征战事宜。另设总理监营一员、左右协理监营各一员，协助提督工作。水军是郑军中的骨干力量。

水军成员多系渔民出身，不畏风浪，作战英勇顽强，在其父郑芝龙手下时，就曾经屡败荷军水师于海上。郑成功正是依靠这样一支军队，取得了台湾登陆作战的胜利。

二是督造战船。郑成功按照作战任务和大中小相结合的原则，配套建造战船。计有大贡船、水船、犁缯船、沙船、鸟尾船、乌龙船、铳船、快哨等8种。

战船上的武器配备是，大贡炮、灵贡、火贡，均为铜制，安装在船首；连环贡、百子炮在船的两舷中部，这些都是重武器。轻武器则有神机铳、千花铳、百子花钎铳、鸟枪、鹿铳、连珠火箭、喷筒、火罐、倭刀、云南大刀、不空归木棍等。

当地人民听说要收复台湾，也纷纷前来献船、献料、献工，赶造战船。只用了两个月时间，就修造战船300余艘，加上原有船只，基本上满足了渡海作战的需要。

三是加强训练。郑成功在厦门等地设置水操台、演武场和演武池，亲自督导操练，并制定和颁布了"各镇合操法"和"水师水操法"，令全军遵照执行。经过严格训练的水军将士能在惊涛骇浪中跳踯上下，矫捷如飞。有了这样一支战斗力强的水军，渡海登陆就有了胜利的保障。

郑成功基本完成战前准备工作后，遂从厦门移师金门。郑成功命其子郑经及部分将领留守厦门、金门，以防清军乘虚袭取；自率马信、周全斌、肖拱宸等进军台湾。

郑成功根据敌情、地形，提出如下作战方针：首先收复澎湖，以之为前进基地，然后乘涨潮之机，通过鹿耳门入港，实施登陆，切断台湾城和赤嵌楼两地荷军的联系，予以围歼，最后收复台湾全岛。

郑成功攻台作战主要经过穿越鹿耳门登陆禾寮港、水陆战台江迫降赤嵌楼、海战破荷舰攻台获全胜等阶段，最终击败荷兰殖民者，收复台湾。

1661年3月初，郑成功在金门举行了隆重的"祭江"誓师仪式，表达收复台湾的坚定决心。3月23日，郑成功率领第一梯队从金门料罗湾出航，领航的是澎湖游击洪喧。郑军船队浩浩荡荡，向澎湖进发，于次日清晨越过风浪险恶的黑水沟，驶抵澎湖。

郑军各部分别驻扎澎湖各岛，等待风顺时再向台湾开进。岛上的老百姓听说是郑成功收复台湾的军队，便带着鱼虾猪羊前来慰问，并

自愿作先锋船的向导。

水军行至柑橘屿海面时，遭风雨所阻，被迫折回。在候风期间，郑成功视察各岛地形，最后当机立断，决定冒雨开船。3月30日晚，郑军渡过了海峡。

郑军船队抵达鹿耳门港外，他换乘小船，由鹿耳门登上北线尾，踏勘地形，派出能潜水的士兵进入台江，进行侦察。根据该地的潮汐情况，郑军决定从澎湖冒风浪出航，顺利地通过鹿耳门，进入台江。

荷军以为郑军会从南航道实施正面进攻，所以只在南航道岸上架设了大炮。郑军出其不意地从鹿耳门开进台江后，荷兰殖民者面对密布在江上的郑军战船惊慌失措，忙派夹板船阻击，并以赤嵌楼炮台发炮拦击。

郑军突破荷军的火力拦阻，只用了不到两个小时，就在禾寮港登陆，扎下营寨，准备从侧面进攻赤嵌楼。同时，在鹿耳门也登陆扎营，以防北线敌军进攻。

台湾的汉族和高山族人民见郑军到达，争先恐后地出来迎接，用货车和其他工具帮助他们登陆，正是由于台湾人民的大力支持，郑军得以顺利登陆，而且造成对敌分割包围的有利态势。

郑军顺利登陆后，荷兰侵略者的要塞赤嵌楼、台湾城以及一些战舰，便处于分隔被围状态，荷军官兵的战斗力也不强。但荷兰侵略军企图凭借船坚炮利和城堡坚固，乘郑军立足未稳，实施反击，将郑军赶下海去。

4月初的一天一晚，郑成功见赤嵌楼之敌炮击郑军禾寮港营塞，引起街市起火，急派户部都事杨英持令箭，督饬部队救火，抢运仓库物资，保护居民住宅。

与此同时，调整了兵力部署：令左护卫王大雄、右虎卫陈蟒率铳船控制鹿耳门海口，以便接应第二梯队登陆；令宣毅前镇陈泽率兵防守北线尾一带，以保障主力侧后安全，并置台湾城荷军于腹背受敌的境地；另派兵一部进入台江，切断赤嵌楼与台湾城的联系。这样就为从海、陆两面打败荷军的反击做好了准备。

在海上，当荷军的4艘舰船企图阻击郑军时，郑成功以60艘战船由陈广和陈冲指挥，把荷舰包围起来，展开了激烈的炮战。荷军最大的"赫克托"号战舰首先开炮，其他荷舰也跟着开火。

郑军战船上的水兵们十分勇敢，从四面八方向"赫克托"号进行猛烈轰击。顿时，安平港外，浓烟弥漫，炮声震天，激起无数巨大的水柱。不久，"赫克托"号即被击沉。其他荷舰企图突围逃遁，又被郑军灵活的战船包围。

郑军以6艘战船尾追"斯·格拉弗兰"号和"白鹭"号，很快追上敌舰。郑军士兵奋不顾身地同敌人展开了接舷战、肉搏战，同时又用火船去烧敌舰。郑军用铁链扣住"斯·格拉弗兰"号的船头斜桅，并登上甲板，与敌人进行白刃格斗。

有的荷舰被熊熊烈火吞灭了，有的荷舰不敢再战而逃回台湾城边。敌通信船"马利亚"号在战斗失败后逃往巴达维亚。

在陆战中，荷军也遭到惨重失败。战斗是在北线尾和赤嵌楼附近进行的。

郑军登陆北线尾后，荷兰舰长贝德尔率领240名士兵，乘船急驶北线尾，上岸后即分两路向郑军反击。

郑军在北线尾的部队约有4000人，郑将陈泽以大部兵力正面迎击，以七八百人迂回到敌军侧后，进行前后夹击。

荷军腹背受敌，手足无措，争相逃命。贝德尔上尉被击毙，荷军

被歼180多人，其余的人逃回台湾城。

这时，荷军总督揆一应被围的赤嵌楼守军的请求，命阿尔多普上尉率200名士兵渡海增援，企图解赤嵌楼之围。郑成功出动"铁人"迎击。

这些"铁人"双手挥舞大刀，头戴铁盔，身着铁铠甲，脚穿铁鞋奋勇向荷军砍去。200名荷军士兵，只有60名上了岸，其余都被"铁人"消灭了。阿尔多普见势不妙，赶紧率残部逃回了台湾城。

荷军在连遭失败之后，被迫龟缩在赤嵌楼和台湾城，再也不敢出战。郑军乘胜围攻赤嵌楼，并切断了荷军水源。

揆一负隅顽抗，拒绝投降，并妄图以年年纳贡并奉送劳师银10万两为条件，诱使郑军撤出台湾。对此，郑成功予以严辞驳斥，并强调指出："台湾为我故有，应当还我！"

郑成功亲自督师，围攻台湾城，并粉碎了荷军的反击，在台湾沿海立住了脚。

在郑军进逼下，台湾城一片混乱。荷兰侵略者在街市区放火，妄图把全市燃成灰烬，被郑军扑灭。郑成功一面准备攻城，一面两次给揆一写信，令其投降，遭到拒绝。于是，郑成功以28门大炮猛轰台湾城，摧毁了城上的大部胸墙，击伤许多荷军。

　　郑成功鉴于台湾城池坚固，强攻一时难以奏效，为了减少部队伤亡，进一步做好准备，决定改取长围久困，且耕且战的方针。他一方面派提督马信率兵驻扎台湾街围困荷军，一方面把各镇兵分散到各地屯垦，以解决军粮不足的困难。

　　5月初，郑军第二梯队黄安、刘俊、颜望宗、胡靖、陈瑞、陈障等率军六镇，统船20艘，兵6000人，抵达台湾，并从台湾城南面逼近该城城堡。

　　郑军在兵力得到加强，供给有了补充之后，在所有通向城堡的街道都筑起防栅，并挖了一道又宽又深的壕沟，以利对荷军的围困。同时，还准备了攻城器械和炮具。6月初，郑成功又三次写信给揆一谕降，但荷军等待巴达维亚派兵增援，仍拒绝投降。

　　郑成功在台湾作战期间，被郑军击败的"马利亚"号通信船，经过50多天的逆风行驶才逃到巴达维亚，报告了荷军在台湾战败的消

息。巴达维亚当局立即调集700名士兵、10艘战舰，在雅科布·考乌的率领下，赴台湾增援，7月到达台湾海面。

困兽台湾城的荷兰侵略者得到增援之后，力求迅速改变台湾城的被围状态，决定用新到的舰船和士兵，把郑军驱逐出台湾街市区，并击毁停泊在赤嵌楼附近航道上的郑军船只。

双方在海上接战。郑成功令黄安抗击陆上进攻的荷军，亲统宣毅前镇陈泽及戎旗左右协水师陈继美、朱尧、罗蕴章等所率战船，在海上迎击荷舰。

荷舰企图迂回郑成功水军侧后，焚烧郑军船只，却反被郑军包围。郑成功水军一部隐蔽在岸边，当敌舰闯入埋伏圈后，火炮齐发。

经过一个小时的激战，击毁、烧毁荷舰2艘，俘小艇3艘，使荷兰援军损失了一个艇长、一个副官、一个军曹和数百名士兵，另有一些

人负伤。其余来援的荷舰逃往远海，再也不敢靠近台湾城。

被围荷军粮草匮乏，士气低落，不少士兵吃了发霉的食物而中毒，有一些还患有各种疾病，战死、病死、饿死者达1600多人。荷军的处境越来越困难了。

郑军围困台湾城8个多月，并进行了充分准备之后，便开始发起总攻。主攻目标是乌特利支堡。该堡是台湾城周围的外堡之一，坐落在台湾城南侧一个小山上，位置险要，是控扼台湾城的锁钥。

12月的一个清晨，郑成功下令炮轰乌特利支堡。经两小时激战，在南部打开了一个缺口，当天占领了该堡。郑军立即将此堡改建成炮垒，居高临下地向台湾城猛烈轰击。

荷军困守孤城，已是水陆援绝，力竭难守。揆一慌忙召集紧急会议，与会者惶惶无主，乱作一团，对当时形势已完全绝望。

　　总督揆一见大势已去，决定由评议会出面同郑成功谈判，并签订了18款投降条约。根据条约规定，揆一于1662年2月1日率部投降。

　　至此，沦陷了38年的台湾重新回到祖国的怀抱，郑成功驱逐荷兰侵略者，收复台湾的伟大斗争，终于取得了胜利。

拓展阅读

　　有一次，郑芝龙和郑成功父子在宾友陪同下乘船游江。船内吹箫弹琴，船外风鼓船帆，很有气派。邓芝龙眼前一亮，想出个对子考一考郑成功，就说："两舟并行，橹速不如帆快。"此联语带双关，"橹速"影射鲁肃，"帆快"隐喻樊哙，意思是"文官不如武将"。

　　聪敏过人的郑成功很快想出了下联："八音齐奏，笛清难比箫和。"语音一落，满座叫绝。此联中"笛清"暗指狄青，"箫和"暗指萧何，意思是"武将难比文官"。

　　郑成功边读书边习武，终成文武全才。